Johann Schrenk

Gunzenhausen

Zentrum des Fränkischen Seenlandes
Stadt am Limes UNESCO Welterbe

Schrenk - Verlag

Impressum

Weißenburger Straße 22, 91710 Gunzenhausen
www.buchhausschrenk.de
schrenk@buchhausschrenk.de
Texte: Dr. phil. Johann Schrenk, Gunzenhausen
Übersetzungen: Teresa Junek, Georgenhaag (ins Englische)
Catherine Singer, Mitteleschenbach (ins Französische)
Lektorat: Ulla Schreiner
Fotos: Johann Schrenk, Gunzenhausen sowie
Hans-Peter Lautner, Gunzenhausen (Luftbildaufnahmen)
Stadt und Stadtarchiv Gunzenhausen
(Kirchweih, Städtepartnerschaften)
Uwe Maier (Frankreich-Abend)
Karte: Kartographie und Verlag Appelt, Gundelsheim
Satz, Layout und Redaktion: Schrenk-Verlag
*Herstellung:*Druckerei Emmy Riedel, Gunzenhausen
3. Auflage, ISBN 978-3-924270-35-3

Für die Unterstützung bei der Herausgabe dieses Buches dankt der Verlag dem Ersten Bürgermeister der Stadt Gunzenhausen, Herrn Joachim Federschmidt, sowie Herrn Werner Mühlhäußer, Leiter des Stadtarchivs.

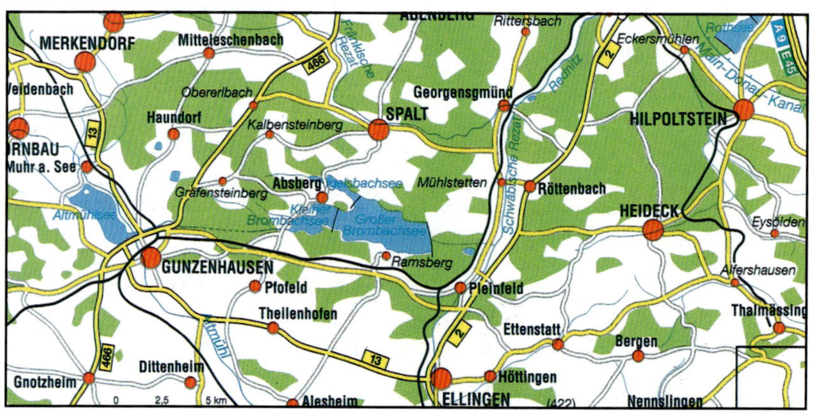

Inhalt

Table of contents
Table des matières

Die Geschichte
The History
L' Histoire

Die Geschichte der Stadt Gunzenhausen

Nachdem die Römer unter Drusus und Tiberius im Jahre 15 v. Chr. die Alpen und das südbayerische Voralpenland erobert hatten und damit das Ende der keltischen Zeit besiegelten, drangen sie um 80 v. Chr. ins Altmühltal vor. Auf der Linie Dambach - Gunzenhausen - Ellingen zogen sie den nördlichen Grenzabschnitt ihrer Provinz Raetien und errichteten den Limes, einen 500 km langen Grenzwall vom Rhein zur Donau. Verstärkt wurde er durch ca. 900 Wachttürme und 60 Kastelle. Gunzenhausen war als vorgeschobener Posten

Römischer Wachtturm am Limes im Burgstallwald
Roman watchtower at limes in Burgstall wood
Tour de guet romaine du Limes dans la forêt de Burgstall

im Norden ein stets gefährdetes Gebiet am Rande des nördlich angrenzenden germanischen Landes. Heute erinnert eine Tafel bei der ev. Pfarrkirche an die Lage des Gunzenhäuser Numerus-Kastells (86 x 80 Meter). Es dürfte um die Mitte des 2. Jh.s errichtet worden sein und diente der Sicherung der strategisch bedeutsamen Altmühlfurten.
Nach den Einfällen der Alamannen (233 - 260 n. Chr.) waren die römischen Truppen zum Rückzug an die Donau gezwungen. Das Land an der Mittleren Altmühl war frei für eine neue Besiedlung. Keltoromanische Bevölkerungsteile dürften sich bald mit alamannischen und elbgermanischen Einwandererfamilien vermischt haben, darunter vermutlich Burgunder, Juthunger und Thüringer, die um 480 n. Chr. bis Passau vordrangen. Den Franken gelang es, das Reich der Thüringer zu erobern. Daraufhin setzten sie vom 6. bis 8. Jahrhundert alles daran, das Land derAlamannen und Baiern unter ihre Herrschaft zu bringen. Dabei spielten die Klostergründungen eine entscheidende Rolle. 775 wurde durch Hariulf, den Bischof von Langrès, das Kloster in Ellwangen gegründet, das als eines der ältesten Königsklöster der Gegend gilt. Im Jahre 823 schenkte Frankenkönig Ludwig der Fromme das ebenfalls königliche und vermutlich bereits „monasterium gunzinhusir“ an Ellwangen, womit Gunzenhausen erstmals in schriftlichen Quellen erwähnt wurde. Es bildete im Verbund mit den Klöstern in Ellwangen, Herrie-den, Feuchtwangen und Ansbach ein wichtiges Bindeglied in der Region zwischen Rezat und Wörnitz. Die Siedlung „gunzinhu-

sir" ist vermutlich eine merowingische Adelsgründung gewesen. Ein Edler namens Gunzo verlieh der Stadt ihren Namen. Ellwangen übte noch für längere Zeit die Lehensherrschaft in Gunzenhausen aus. 1349 belehnten die Ellwanger Burkart von Seckendorff mit der Herrschaft Gunzenhausen, das zu dieser Zeit schon eine befestigte Stadt (oppidum) war. 1368 gelangte diese in den Besitz der Nürnberger Burggrafen. Unter den Zollern, die das Burggrafenamt innehatten, entwickelte sich Gunzenhausen dann zu einer markgräflichen Haupt- und Legstadt. Im 14. und 15. Jahrhundert erfolgte dann auch die teilweise noch heute sichtbare Bewehrung der Stadt mit Mauern, Türmen und Toren.

Dass Luther hier übernachtet hat, wiegt sicherlich nicht so schwer wie die ruhmvolle Arbeit des Gunzenhäuser Reformators Andreas Osiander, der maßgeblich an der Einführung der neuen Glaubenslehre beteiligt war und bei den Marburger Religionsgesprächen mit Zwingli an einem Tisch saß. 1603 wurde Gunzenhausen Sitz eines markgräflichen Oberamtes und Hochgerichts. Im Dreißigjährigen Krieg konnte die Altmühlstadt vor größeren Zerstörungen bewahrt werden.

Mit Carl Wilhelm Friedrich trat ein Markgraf auf den Plan, dem Gunzenhausen viel zu verdanken hat. Wegen seiner sprichwörtlichen Jagdleidenschaft zog es ihn nach Gunzen-hausen und zu den Wäldern, Flüssen und Teichen der Gegend. Hier konnte er besonders der Falknerei nachgehen, die er über alles liebte. 1745 ließ er sich vor den Toren der Stadt ein Jagdschloß errichten (Falkenlust, heute bis auf einen geringen Gebäuderest nicht mehr erhalten).

Auch den Oberamtshof, Sitz der Verwaltung, ließ er zu einem „herrschaftlichen Schloss", so in einer Urkunde aus dem 18. Jh., ausbauen (heute Rathaus). In der Nähe wurde ein markgräflicher Hofgarten mit Gartenhaus errichtet (heute befindet sich hier das Haus des Gastes). Nach dem Tod des 'Wilden Mafkgrafen' und nach dem Verkauf der französischen Lande an Preußen im Jahre 1791 erhielt Gunzenhausen im neuen Bayerischen Königreich 1806 den Sitz eines königlichen Bezirksamtes. Die Anbindung an die Eisenbahn und Gunzenhausens günstige Lage an den großen Verkehrsstraßen (Würzburg-München und Nürnberg-Augsburg) ließen Wirtschaft und Handel gedeihen.

In den 80er Jahren des 20. Jahrhunderts profitierte die Altmühlstadt von den Baumaßnahmen des Landes Bayern im Zusammenhang mit der Überführung vonAltmühl- und Donauwassern in das Main/Rhein-Gebiet (Fränkisches Seenland, Main-Donau-Kanal). Heute ist Gunzenhausen ein Fremdenverkehrszentrum zwischen Altmühlsee und Brombachsee. Unzählige Freizeiteinrichtungen schossen in den letzten Jahren aus dem Boden und namhafte Hotellerie- und Gastronomiebetriebe etablierten sich neu oder erweiterten ihr Angebot. DieAltstadt samt ihren Randgebieten wurde saniert, und an der Peripherie der Stadt entstanden neue Wohn-siedlungen.

Grenzstein am Limes bei Frickenfelden (oben)
Boundary stone at Limes near Frickenfelden (above)
Pierre de bornage près de Frickenfelden (en haut)

Bismarckdenkmal (unten)
Bismarck-Denkmal (below)
Monument de Bismarck (en bas)

The History of Gunzenhausen

After the Romans under Drusus and Tiberius had conquered the Alps and the southern Bavarian Alpine foothills in 15 BC and thus sealed the end of the Celtic era, they pushed into the valley of the river *Altmühl* (Altmuehl) in 80 AD. They defined the northern sector of the border of their Province Raetia and built the Limes, a 500 km long border wall, which stretched between the rivers Rhine and Danube. It was fortified by approx. 900 watchtowers and 60 soldiers' camps. Gunzenhausen was an outpost and thus a constantly endangered area on the edge of the Germanic country bordering to the north. Nowadays a plaque near the protestant church points out the situa-

tion of the *Numerus camp* (86 x 80 m) in Gunzenhausen. It is assumed that it was built in the middle of the second century, for the purpose of protecting the strategically important fords across the river *Altmühl*.

After the Alemannian raids (233 - 260 AD) the Roman troups were forced to retreat back to the Danube. The land on the middle part of the river *Altmühl* was now free for new settling. Celto-Roman population parts probably mixed soon with Alemannians and immigrant families of the Germanic tribes around the river Elbe, among others probably Burgundians, Juthungians and Thuringians. These people about 480 AD pushed ahead as far as Passau. The Frankish succeeded in conquering the Thuringian Empire. After that, between the sixth and eighth century, they spared no effort to gain control over the lands of Alamannians and Bavarians. In this process the founding of monasteries played a significant role. In 775 *Hariulf*, the bishop of Langrès, founded the monastery of Ellwangen, which is considered to be one of the oldest royal monasteries in the area. In the year 823 the Frankish king *Ludwig the Pious* donated the likewise royal "monasterium gunzinhusir", which probably had been founded already unter the Merovingians of Augsburg, to Ellwangen, and thus Gunzenhausen was mentioned for the first time in written sources. In the network of the monasteries in Ellwangen, Herrieden, Feuchtwangen and Ansbach it was an important connecting link in the region between the rivers *Rezat* and *Woernitz*. The settlement "gunzinhusir" probably was a foundation of the noble Merovingians. A noble by the name of *Gunzo* gave the town its name. For a long period of time, Ellwangen executed the fief control (Lehensherrschaft) over Gunzenhausen.

In 1349 the masters of Ellwangen rewarded *Burkart von Seckendorff* with the reign over Gunzenhausen, which at that time already was a fortified town (oppidum). In 1368 it was acquired by the Burgraves of Nuremberg. Under the Nobles of *Zollern*, who held the Burgrave function, Gunzenhausen developed into a Margravian "Haupt- und Legstadt" (a special title which was held by a few Franconian towns only). In the 14th and 15th centuries the fortifications of the town with walls, towers and gates were built, partially still visible today. That *Luther* spent one night at Gunzenhausen surely was not as important as the excellent work of the reformer *Andreas Osiander*, who was born in Gunzenhausen. He played a decisive role in the introduction of the New Dogma and shared the table with *Zwingli* during the Religious Colloquies in Marburg. In 1603 Gunzenhausen became the seat of a Margravian criminal court and place of execution (Oberamt und Hochgericht). In the Thirty Years' War the town on the *Altmühl* could be saved from extensive destruction.

Margrave *Carl Wilhelm Friedrich* was a man, to whom Gunzenhausen is indebted in many ways. Because of his passion for hunting, he felt drawn towards Gunzenhausen and the woods, rivers and ponds of the area. Here he could indulge especially in falconry, which was his favourite way of hunting. In 1745 he had a hunting seat built before the gates of the town *(Falkenlust*, vanished today except for a small remnant of the building). He also had the "Oberamtshof", seat of the administration, reconstructed into something like a town residence (today townhall). Not far away the Margravian *Hofgarten* with summerhouse was built (today *Haus des Gastes*). After the "Wild Margrave"'s death and after the French lands were sold to Prussia in 1791, Gunzenhausen obtained the seat of a "königliches Bezirksamt" in 1806 (Royal District Administration) in the new Bavarian Kingdom. Trade and industry

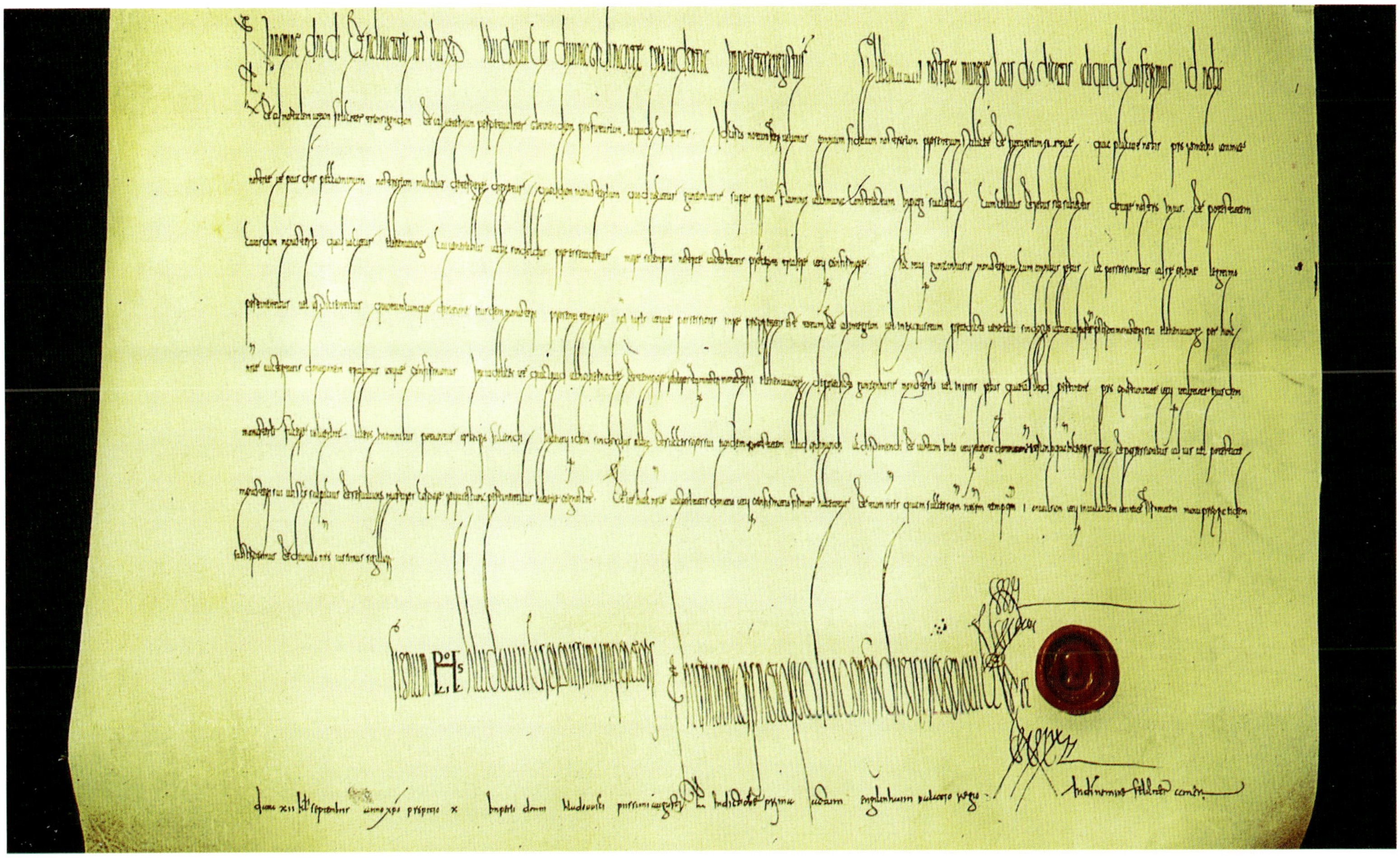

prospered because of the connection of Gunzenhausen to the railroad and its favourable position at the main traffic routes (Wuerzburg-Munich and Nuremberg-Augsburg). In the eighties of the 20th century, the *Altmühl* town profited from the building measures of the Bavarian state, which comprised the passing over of waters from the Altmühl and the Danube into the area of the Main and the Rhine (Franconian Lakeland, Main-Danube Canal). Today Gunzenhausen is a tourist centre between *Altmühlsee* (Lake Altmuehl) and *Brombachsee* (Lake Brombach). Countless recreational facilities mushroomed up in the past few years, and recognized hotels and restaurants either set themselves up or extended their offers. The historical part of the town and its periphery was redeveloped and new housing areas were built on the outskirts.

Ersterwähnung Gunzenhausens in der kaiserlichen Schenkungsurkunde aus dem Jahre 823 n. Chr. (oben)

First mentioning of Gunzenhausen in the imperial deed of donation from 823 AD (above)

Première apparition écrite de Gunzenhausen dans l´acte de donation impérial de l´an 823 apr. J.-C. (en haut)

Wappensteine Gunzenhäuser Adelsfamilien (rechts)
Coats of arms of Gunzenhausen's noble families (on the right)
Armoiries de familles de nobles (à droite)

Die Pfarrkirche St. Marien (linke Seite)
Parish church St. Marien (left page)
L´Église paroissiale Notre-Dame (page de gauche)

Historique de la ville de Gunzenhausen

Après la conquête des Alpes et de la région subalpine de Bavière du Sud, sous la régence de Drusius et de Tiberius en 15 av. J.-C., les Romains progressèrent , autour de l´an 80 av. J.-C., vers la vallée de l´Altmühl mettant, par là- même, fin à l´époque celtique. C´est entre les villes de Dambach, Gunzen-hausen et d´Ellingen que les Romains établirent la zone frontière nord de leur province Raetien et érigèrent, entre le Rhin et le Danube, le Limes, un rempart d´une longueur de 500 km comprenant 900 tours de guet et 60 fortifications. Située aux avant-postes au nord de sa province , à la frontière du pays germanique, la région de Gunzenhausen était constamment menaçée. Une plaque, à l´église paroissiale protestante, commémore aujourd´hui l´emplacement de la fortification Numerus de Gunzenhausen (86 x 80 mètres). Celle-ci fut, semble-t-il, dressée vers le milieu du IIè siècle et servait à la protection du gué de l´Altmühl, d´une importance stratégique considérable.

Suite aux invasions alémaniques (233-260 apr.J.-C.), les troupes romaines furent forcées de battre en retraite sur les rives du Danube. La région centrale de l´Altmühl, ainsi libérée, devenait propice à un nouveau peuplement. Une partie de la civilisation celtique-latine devait alors rapide-ment se mêler aux familles d´immigrants alémaniques et germaniques de l´Elbe parmi lesquelles se trouvaient probablement des Bourgondes, des Jutes et des Thuringeois qui vers 800 av. J.-C., avançèrent jusqu´à Passau. Les Francs parvinrent à conquérir le royaume de Thuringe en mettant, par la suite, entre le VIe s. et VIIIe s., tous leurs efforts en oeuvre pour soumettre le pays des Alamans et des Bavarois. A cette occasion, les créations de monastères jouèrent un rôle décisif. En l´an 775, Hariuf, l´évêque de Langrès, fonda le monastère d´Ellwangen qui représente l´un des monastère royaux le plus anciens de la région. En l´an 823, Louis le Pieux, roi des Francs, offrit à la ville d´Ellwangen, le „monasterium gunzinhusir“ qui appartenait également au roi, et qui, semble-t-il, avait déjà été fondé sous les Mérovingiens, à partir d´Augsbourg. C´est à cette époque, que la ville de Gunzenhausen fut mentionnée par écrit pour la première fois. Cette dernière établissait, avec les monastères d´Ellwangen, d´Herrieden, de Feuchtwangen et d´Ansbach, un lien important dans la région, entre le Rezat et le Wörnitz. La colonie „gunzinhusir“ avait , pense-t-on, été créé par la noblesse mérovingienne. Un noble, appelé Gunzo, donna son nom à la ville. Ellwangen exerça pendant longtemps encore la souveraineté à Gunzenhausen. En l´an 1349, les habitants d´Ellwangen récompensèrent Burkart de Seckendorff en lui attribuant l´administration de Gunzenhausen qui était déjà, à cette époque, une ville fortifiée (oppidum). En 1368, ce sont les burgraves de Nuremberg qui s´emparèrent du pouvoir. Sous l´autorité des Zollners qui détenaient l´office administratif des burgraves, Gunzenhausen se développa en une ville principale (Haupt- und Legstadt). S´ensuivit au XIVe s. et au XVe s. la fortification de la ville, avec des murs, des tours et des portails, partiellement visible aujourd´hui. Plus remarqué encore que la nuit passée par Luther à Gunzenhausen, fut le glorieux travail d´Andreas Osiander, réformateur de Gunzenhausen, qui participa, de façon décisive, à l´introduction de la nouvelle doctrine religieuse et partagea sa table avec Zwingli lors de discussions religieuses chez les Marburgers. En 1603, Gunzenhausen devint le siège de la haute magistrature et de la cour suprême des margraves. Au cours de la guerre de Trente Ans, des destructions massives furent épargnées à la ville de l´Altmühl. Avec Carl Wilhelm Friedrich, un margrave fit son apparition, à qui la ville de Gunzenhausen doit beaucoup. Sa passion débordante pour la chasse l´attira vers Gunzenhausen et vers les forêts, les rivières et les étangs des alentours. Là, il pouvait s´adonner particulièrement à la fauconnerie qu´il aimait par dessus-tout. En 1745, il fit construire un château de chasse devant les portes de la ville (Falkenlust, aujourd´hui disparu, à part quelques vestiges). Il laissa même transformer la cour de la haute magistrature en une sorte de château de chasse (aujourd´hui, la mairie). Tout près de là, on cronstruisit un jardin clos de margrave avec un pavillon (aujourd´hui, Haus des Gastes) . Après la mort du „Margrave fougueux“ et après la vente, en 1791, du Land français à la Prusse, Gunzenhausen devint, en1806, au sein du nouveau royaume bavarois, le siège de l´administration régionale de la royauté. La proximité, à la fois, du chemin de fer et des grands axes routiers (Würzburg-Münich et Nüremberg-Augsbourg) favorisa l´expansion de l´économie et du commerce de Gunzenhausen.

A la fin du XXe s., dans les années quatre-vingts, la ville de l´Altmühl profita des mesures de construction du Land de Bavière , en relation avec le transfert des eaux de l´Altmühl et du Danube dans la zone Main/Rhin (Fränkisches Seenland, canal du Main au Danube). Aujourd´hui, Gunzenhausen est un centre touristique situé entre les lacs *Altmühlsee* et *Brombachsee*. De nombreux aménagements touristiques ont vu le jour au cours des dernières années et des hôtels et restaurants renommés s´établirent ou élargirent leurs offres. La vieille ville ainsi que ses régions limitrophes furent assainies, et à la périphérie de la ville, de nombreux lotissements furent construits.

Blick vom Färberturm zum Blasturm.
View from Färberturm toward Blasturm
Vue de la tour Färberturm sur la tour Blasturm

Entstehung des Museums
für Vor- und Frühgeschichte
Eingang

Wachtturm mit Resten des Limes (oben)
Watchtower with remnants of Limes (above)
Tour de guet et vestiges du Limes (en haut)

Merkurstatue von Gundelshalm, heute „Schmuckstück“ des neuen Museums in Gunzenhausen (rechts)

Statue of the god Mercury at Gundelshalm, today's “gem” of the new museum (on the right)

Statue de Mercure de Gundelshalm, aujourd´hui „joyau“ du nouveau musée (à droite)

Wachtturm mit Palisade (linke Seite oben)
Watchtower with palisade (left page above)
Tour de guet dont la palissade (page de gauche, en haut)

Eidamsbüste im Foyer des neuen Archäologischen Museum (linke Seite unten)

Eidam's bust in the hall of the new Archaeological Museum (left page below)

Buste d´Eidam dans le hall d´entrée du nouveau Musée archaeologique (page de gauche, en bas)

**Die Spitalkirche des Stifters
Burkart von Seckendorff (1352)**

**Donator Burkart von
Seckendorff's Spitalkirche (1352)**

**Église de l´hospice du donateur
Burkart de Seckendorff (1352)**

Spätgotische Säule aus dem Jahre 1442
im Innenhof des Rathauses („Kreuz im Altmühltal")

Late Gothic column from 1472 in the
inner courtyard of town hall („Kreuz im Altmühltal")

Colonne du gothique flamboyant de l´année 1472 dans
la cour intérieure de la mairie ("Kreuz im Altmühltal")

Der Färberturm aus dem 15. Jahrhundert
right page: Färberturm, built in the 15th century
Page de gauche: La tour Färberturm datant du XVe s.

Christophorus-Fresko von 1498 (oben rechts)
Fresco of St. Christophorus from 1498 (above right)
Fresque de Christophorus de 1498 (en haut, à droite)

Paul von Absberg, gest. 1503 (rechts)
Paul von Absberg, died 1503 (on the right)
Paul d´Absberg, mort en 1503 (à droite)

rechte Seite: St. Marien
right page: St. Marien
Page à droite: Notre-Dame

197 1-3
179 1-4
295 1-4
198 1-2
178 9
163

Markgräfliches Schloss, heute Rathaus (Marktplatz 23)
Margravian residence, today town hall (Marktplatz 23)
Le château de margraves, aujourd´hui la mairie (Marktplatz 23)

Markgräfliches Hofgartenhaus (rechte Seite)
House in Margravian Hofgarden (right page)
Pavillon des margraves (page de droite)

Gunzenhausen heute

Gunzenhausen today

Gunzenhausen aujourd'hui

Gunzenhausen heute

Gunzenhausen ist heute ein attraktiver Standort für Wirtschaft, Kultur und Tourismus. Neben der traditonellen Fertigungsindustrie für Energiesysteme, Kugellager, Druckguss- oder Vakuumtechnik hat sich hier der Dienstleistungssektor einen breiten Raum zur Entfaltung geschaffen. Das Gründerzentrum in der Industriestraße und die zahlreichen, über das Stadtgebiet verstreuten Kleinbetriebe in den Bereichen Intelligente Datenverarbeitungstechnik, Business- & Finanz-Consulting, Print-Design oder Umwelt-Engeneering haben das Angebotsspektrum der Gunzenhäuser Betriebe erweitert.

Im Sektor Kultur kann die Stadt Gunzenhausen derzeit „mit ihren Pfunden wuchern“: sie besitzt sechs Museen im Stadtgebiet! Im *Stadtmuseum*, dem ehemaligen Adelspalais derer von Zocha, präsentiert sie heute ihre Geschichte: Stadtgeschichte, Museumsgeschichte und Sonderausstellungen im Erdgeschoss; Kunsthandwerk des 18. Jh.s, wertvolle Fayencefliesen der Crailsheimer Porzellanmanufaktur, Möbel und Puppen etc. im ersten Obergeschoss; Kirchenkunst, jüdische Kultgeräte, Zunftrealien, Handwerksausstellungen und die legendäre Alchemistenküche von Johann Reichardt im zweiten Obergeschoss sowie Stubenmöbel, Geschirr, Keramik, Möbel, Trachten, eine Rauchküche, Schlösser und Korbwaren im Dachgeschoss.

Im dem erst 1998 konzipierten und noch im selben Jahr fertiggestellten neuen *Museum für Vor- und Frühgeschichte* werden zahlreiche Exponate, die der Gunzenhäuser Limesforscher Dr. Heinrich Eidam vor Ort geborgen hatte, erstmals der Öffentlichkeit präsentiert. Im Erdgeschoss befinden sich die beiden Abteilungen Museumsgeschichte und Jungsteinzeit. Im ersten Obergeschoss folgen die Zeitepochen Bronzezeit, Urnenfelder-, Hallstatt- und Laténekultur sowie die Abteilung „Römer am Limes“. Im zweiten Obergeschoss befinden sich das Mithras-Heiligtum von Wachstein sowie die beiden Abteilungen „Römischer Alltag“ und „Frühes Mittelalter“.

Modell eines hallstattzeitlichen Grabhügels im neuen Archäologischen Museum, mit Grabbeigaben.

Model of a burial mound from Hallstattkultur in the new Archaeological Museum, with artefacts.

Maquette d´une tombe à tumulus et ses objets funéraires de la période préhistorique de Hallstatt dans le nouveau Musée Archaeologique.

Neu ist auch das *Fossilien- und Steindruckmuseum* in der Sonnenstraße. Das früher auf dem Maxberg bei Solnhofen beheimatete Haus präsentiert Interessantes zur Erdgeschichte und besitzt zahlreiche Exponate aus aller Welt. Jeden Donnerstag und Sonntag während der Saison öffnet *der Blasturm* seine Pforten. Von Bedeutung ist hier eine komplett eingerichtete Türmerwohnung. Im *Fachwerkstadel*, einem im Jahre 1753 errichteten Rotgerberhaus am Schießwasen, befinden sich die Weiperter Heimatstube und die Erzgebirgsschau.

Jeden 1. und 3. Sonntag im Monat lädt das *Schloss Cronheim* zur Besichtigung der Orts- und Schlossgeschichte sowie der Dokumentation der jüdischen Kultusgemeinde Cronheim ein. Und nicht zuletzt sind im *Feuerwehr-Museum*, in der neuen Feuerwehrzentrale „Am Hollerfeld“, Exponate zur Geschichte der Gunzenhäuser Feuerwehr zu bestaunen.

Für die Freunde der musischen Künste offeriert die Stadt ein großzügiges Raumangebot: im barock gestalteten Saal des einst markgräflichen Gartenhauses, heute Haus des Gastes vor den Toren der Altstadt, wurde ein kunstvolles Ambiente für Konzerte, Lesungen und Vortragsabende geschaffen. Die Stadthalle mit ihrer modernen Bühnentechnik bietet alljährlich zahlreichen Ensembles aus der Republik ein willkommenes Forum für Dramen und Lustspiele. Auch für Konzerte, Kleinkunstveranstaltungen und Kunstausstellungen eignen sich die Räumlichkeiten bestens. In den neuen Räumen der Stadtbücherei werden Ausstellungen und Lesungen für das junge Publikum geboten. Darüber hinaus wird auch von privater und geschäftlicher Seite ein breites Spektrum an kulturellen Veranstaltungen geschaffen, ob vom „Kunstforum Fränkisches Seenland“, von der „Goethe-Gesellschaft Gunzenhausen“, von der „Galerie W“, von den Walder „Gma-Büsch-Sängern“ oder von den Initiativen in den Gunzenhäuser Ortsteilen, darunter der Kultur- und Kunstverein „Kukaf“ in Frickenfelden und der Kulturverein „Worma“ in Unterwurmbach.

Gunzenhausen pflegt traditionell seine Städtepartnerschaften auf besonders herzliche Weise. Gäste der amerikanischen Partnerstadt Frankenmuth im Staat Michigan sind seit 1962 herzlich in der Altmühlstadt willkommen, während die „Jumelage“ mit der französischen Kleinstadt Isle im Bezirk Limousin erst seit 1984 besteht. Doch auch hier sind die Kontakte nicht minder herzlich. Alljährlich Ende Juli zelebrieren die Gunzenhäuser mit den Freunden der Stadt Isle einen „Fran-

zösischen Abend“ zu Füßen des Färberturms. Seit 1954 ist die Altmühlstadt partnerschaftlich mit den Bürgern des tschechischen Städtchens Weipert verbunden. 1989 wurden im ein Jahr zuvor restaurierten Fachwerkstadel die Erzgebirgsschau und die Weiperter Heimatstuben eröffnet.
Groß gefeiert wird beim Bürgerfest Anfang Juli. Hier präsentiert sich der Marktplatz wahrlich als die „gute Stube Gunzenhausens“. Über alle Generationen hinweg trifft man sich zum Ratschen, Einkehren oder zum abendlichen Konzert, wobei auch die Gunzenhäuser Jugend voll auf ihre Kosten kommt. Die „fünfte Jahreszeit“ findet in Gunzenhausen während der zehntägigen Kirchweih statt. Höhepunkt ist hierbei der am 2. Montag stattfindende Kirchweihumzug, an dem sich zahlreiche Vereine beteiligen.

Eröffnungszeremonie am Kirchweihsamstag (oben)
Opening ceremony on the first Saturday of the Country Fair’s (above)
Cérémonie d´ouverture le samedi de la kermesse (en haut)

Moderne Kunst auf dem Saumarkt (links)
Modern art at the Saumarkt (on the left)
Art moderne au Marché du Cochon (à gauche)

Gunzenhausen today

Today Gunzenhausen is an attractive location for industry, culture and tourism. Aside from the traditional industrial production of energy systems, ball bearings, die-castings and vacuum engineering, service industries have established a wide field for development. The "Gründerzentrum" (Foun-ders' Centre) in Industriestraße and the numerous small enterprises concerned with data processing, business & finance consulting, print design, and environmental engineering, which are scattered over the municipal area of Gunzenhausen, have added to the diversity of firms in Gunzenhausen.

The New *Archeological Museum* (Early- and Prehistoric museum), which was designed and realized only in 1998, presents numerous exhibits to the public for the very first time, which were secured on location by the archaeologist *Dr. Heinrich Eidam*, who studied the "Limes" (Roman border fortification) at Gunzenhausen. On the ground floor there are two departments, one for museum history and another covering the Neolithic period. On the first floor the Bronze Age, the Urn Culture, the Iron Age (Bronze-, Hallstatt- and Latènekultur) are covered. One department is solely dedicated to the "ancient Romans at Limes". On the second floor the Mithras shrine of Wachstein as well as the departments "Ancient Roman's everyday life" and "Early Middle Ages" are situated. Each Thursday and

Brunnenanlage vor dem neuen Parkhotel
Fountain in front of the new Parkhotel
Fontaine devant le nouveau Parkhotel

Culturally the town of Gunzenhausen at present is able to turn its assets to good use: there are six museums within its area! In the *Stadtmuseum,* the ancestral castle of the Nobles *von Zocha*, Gunzenhausen now presents its history: Town and museum history and special exhibitions on the ground floor of castle; applied arts of the 18th century, valuable fayence tiles of *Crailsheimer Porzellan Manufaktur*, furniture, and dolls etc. on the first floor; ecclesiastic art, Jewish ritual utensils, guild paraphernalia, craftsmen's exhibitions, and *Johann Reichardt's* legendary alchemist laboratory, on the second floor, as well as room furniture, tableware, pottery, traditional costumes, a traditional "Rauchküche" (open hearth kitchen), locks, and wickerwork in the attic.

Sunday during the tourist season, the tower *Blasturm* is open for visitors. There are historical craftsmen's tools, a guild chamber (Zunftstube) and a completely furnished watchman's flat. The *Fachwerkstadel,* a tanner's house at *Schießwasen* built in 1753, nowadays the *Weiperter Heimatstube* and the *Erzgebirgsstube* (exhibitions of traditional objects from Weipert and the Ore Mountains). Every first and third Sunday each month during the tourist season *Schloss Cronheim* invites to visit and learn about the castle and the history of the village, and to view the documentation of the Jewish congregation of Cronheim. Last but not least the *Feuerwehr-Museum* (Fire Brigade Museum) in the new fire brigade centre *Am Hollerfeld* exhibits objects documenting the history of the local fire brigade of Gunzenhausen.

For friends of fine arts the town has many premises to offer: In the baroque hall of the former Margravian *Hofgarten,* today *Haus des Gastes* (House of guests), directly outside the gates of the historic quarters of the old town, an elaborate ambience for concerts, readings and lectures was created. The municipal hall with its modern stage technology offers numerous ensembles from all over Germany a welcome forum for dramas and comedies.

The premises are also well suited for events like concerts, cabarets and art exhibitions. In the newly renovated premises of the Municipal Library, exhibitions and readings for young audiences are offered. Furthermore, a wide spectrum of cultural events is offered by private and commercial organizers, reaching from "Kunstforum Fränkisches Seenland" (Franconian Lakeland's Art Forum), over "Goethe-Gesellschaft Gunzenhausen" (Goethe society of Gunzenhausen), and "Gma-Büsch-Singers" (Traditional local vocalists) of the district *Wald* to initiatives of other Gunzenhausen districts, like Culture and Art Association "Kukaf" of Frickenfelden and Culture Association "Worma" of Unterwurmbach.

Gunzenhausen has always cultivated its town partnerships in a particularly winning way. Visitors from the American partner town Frankenmuth, Michigan, have been welcomed in our *Altmühl* town since 1962, while the "Jumelage" with the small French town *Isle* in the *Limousin* region has been existing only since 1984; however, these contacts are none the less cordial. Each year by the end of July, the inhabitants of Gunzenhausen celebrate a "French evening" at the foot of tower *Färberturm*, together with their friends from *Isle*. Since 1954, Gunzenhausen also has been associated in friendship with the inhabitants of the former Sudeten German town Weipert/Vejprty (in today's Czech Republic). In 1989 the *Weiperter Heimatstube* and the *Erzgebirgsstube* opened *at Fachwerkstadel,* which had been renovated one year earlier.

The biggest event, however, is the "Bürgerfest" of the town, the most popular festivity each year at the beginning of July. At this time the market place of Gunzenhausen truly becomes the "living room" of the town. All generations meet and gather for chatting, eating and drinking, or to attend evening concerts. Here the youth of Gunzenhausen also gets their fill of fun. The "fifth season" of Gunzenhausen takes place during its ten-days Country Fair. The Fair Parade of the town, which takes place on the second Monday of July, provides the ultimate climax of the fair. Numerous clubs and associations take part in this parade.

Angeln am Ufer der Altmühl (oben)
Fishing on the bank of river Altmühl (above)
Pêche à la ligne sur les rives de l´Altmühl (en haut)

Radweg von Gunzenhausen ins Altmühltal (Mitte)
Cycle track into the river Altmühl valley (centre)
Piste cyclable de Gunzenhausen jusque dans
la vallée de l´Altmühl (au milieu)

Der Bürgermeister eröffnet die Kirchweih (unten)
The mayor inaugurates the Country Fair (below)
Le maire ouvre la kermesse (en bas)

Gunzenhausen aujourd´hui

Gunzenhausen est aujourd´hui un lieu attrayant tant pour le commerce que pour la culture et le tourisme. Outre les industries de fabrication traditionnelles comme les systèmes d´énergie, de roulement à billes et de fonderie ou les techniques d´emballages sous vide, le secteur tertiaire est parvenu à se créer un vaste espace de développement. Le centre fondateur dans la rue industrielle ainsi que les nombreuses petites entreprises, dispersées sur le territoire de la ville, et spécialisées dans les domaines divers comme le traitement des données, le conseil en affaires et finances, l´imprimerie et la technique de l´environnement, ont élargi la gamme des offres proposées par les entreprises de Gunzenhausen.

Dans le domaine culturel, le ville de Gunzenhausen peut faire valoir son talent: Elle possède, en son centre, six musées! Dans le *Stadtmuseum,* l´ancien palais nobiliaire de Zocha, elle vous présente aujourd´hui son histoire: histoire de la ville et du musée, expositions spéciales au rez-de-chaussée; artisanat du XVIIIe s., faïence précieuse de la manufacture de Crailsheim, meubles et poupées etc... à l´éta-ge supérieur; art sacré, accessoires du culte juif, expositions artisanales sans oublier, au deuxième étage, le laboratoire d´alchimie du légendaire Johann Reichardt et enfin à l´étage mansardé; meubles d´intérieur, vaisselle, poterie, mobilier, costumes folkloriques, cuisine à fumage, serrurerie et vannerie.

Au *Museum archaeologique (*Musée de la préhistoire et du Moyen Âge) conçu en 1998 et inauguré au cours de la même année, sont exposées, pour la premiéres fois, de nombreuses archives exhumées sur les lieux mêmes par le chercheur Dr. Heinrich Eidam, originaire de Gunzen-hausen et spécialisé en recherche sur le limes. Au rez-de-chaussée, se trouvent les deux départements concernant histoire du musée et l´histoire néolithique. A l´étage supérieur, e succèdent les périodes de l´âge de bronze et diverses cultures; champs d´urnes, Hallstattienne et Laténe ainsi que la section „les Romains et le Limes“. Au deuxième étage, se trouvent la pierre sainte Mithras de Wachstein ainsi que les sections ‘Vie quotidienne romaine’ et „Début du Moyen Âge“.
En saison, le *Blasturm* ouvre ses portes le jeudi et le dimanche. On peut y voir des objets artisanaux historiques, un atelier et un appartement aménagé dans la tour. Dans le *Fachwerkstadel* (grange à colombages), un bâtiment de la famille Rotberger érigé en 1753 à Schießwasen, on peut admirer l´intérieur taditionnel de Weipert et l´exposition de l´ Erzgebirge. Chaque 1r et 3e dimanche du mois, le *Schloss Cronheim* (château de Conheim) invite à venir découvrir l´histoire du château et de région ainsi que la documentation sur le culte de la communauté juive.

Gunzenhausen (oben)
Gunzenhausen (above)
Gunzenhausen (en haut)

Donnerstag ist Markttag (links)
Thursday is market day (on the left)
Jeudi, jour de marché (à gauche)

Sanatorium 'Hensoltshöhe' (oben)
Sanatorium 'Hensoltshöhe' (above)
Maison de cure 'Hensoltshöhe' (en haut)

Enfin, il ne faut pas oublier d´admirer au *Feuerwehr-Museum* (le musée des sapeurs-pompiers), situé au nouveau centre des eurs-pompiers 'Am Hollerfeld', l´exposition sur l´histoire des pompiers de Gunzenhausen.

Pour les amis des arts musicaux, la ville se montre généreuse en offrant de nombreuses salles de concert: l´intérieur même du pavillon (Haus des Gastes) appartenant jadis au Margrave offre, dans une salle de style baroque, une ambiance propice aux soirées de concerts, lectures et conférences. La salle municipale, avec ses techniques de scènes modernes, offre toute l´année à de nombreux ensembles de toute la république, un lieu accueillant pour y représenter drames ou comédies. Ces locaux se prêtent, aussi, particulièrement aux soirées concerts et cabarets ainsi qu´aux expositions d´oeuvres artistiques.

Dans les nouveaux locaux de la bibliothèque municipale, expositions et lectures sont offertes au jeune public. Au-delà , un vaste éventail de manifestations cultu-relles, de source privée ou publique, est également proposé par diverses associations telles que: 'Kunstforum Fränkisches Seenland', 'Goethe-Gesellschaft Gunzen-hausen' ou 'Gma-Büsch-Sängern' de Wald ou à l´initiative de municipalités locales auxquelles appartiennent le cercle culturel et artistique 'Kukaf' à Frikkenfelden et le cercle culturel 'Worma' d´Unterwurmbach.

C´est avec un soin particulier que Gunzenhausen entretient des rapports cordiaux avec ses villes jumelées. Les hôtes de Frankenmuth, ville américaine de l´état de Michigan et jumelée avec Gunzenhausen, sont les bienvenus dans la ville de l´Altmühl depuis déjà 1962, tandis que

le jumelage avec Isle, petite ville française du Limousin, n´existe que depuis 1984. Les contacts n´en sont pas moins cordiaux. Tous les ans, à la fin du mois de juillet, les habitants de Gunzenhausen organisent, avec leurs amis d´Isle, 'une soirée française' aux pieds de la tour *Färberturm*. Depuis 1954, la ville de l´Altmühl est jumelée avec la ville de Weipert et ses habitants, les Allemands des Sudètes. En 1989, on inaugura, dans le Fachwerkstadel restauré une année auparavant, l´exposition de l´Erzgebirge et l´intérieur traditionnel de Weipert.

C´est au début de juillet, que les habitants de Gunzenhausen se mobilisent pour célébrer ensemble la fête populaire. La place du marché se présente alors sous son aspect le plus caractéristique; *die gute Stube Gunzenhausen* (le salon de Gunzenhausen). Toutes générations confondues, on se retrouve pour faire la causette, prendre un verre ou assister au concert nocturne qui attire particulièrement les jeunes.

La „cinquième saison" de Gunzenhausen a lieu lors de la kermesse de dix jours qui culmine le 2e lundi par le défilé auquel prennent part diverses associations.

Das Sanatorium Hensoltshöhe am Burgstallwald (oben)
Sanatorium Hensoltshöhe next to Burgstall wood (above)
La maison de cure Hensoltshöhe près de la forêt de Burgstall (en haut)

Die Jugendherberge am Ufer der Altmühl (Mitte)
Youth hostel on the bank of the river Altmühl (centre)
L´auberge de jeunesse sur la rive de l´Altmühl (au milieu)

Stadthalle und Parkhotel an der Altmühl (unten)
Municipal hall and Parkhotel on river Altmühl (below)
La salle municipale et le Parkhotel au bord de l´Altmühl (en bas)

Die Altstadt von Gunzenhausen (linke Seite oben)
The oldest part of Gunzenhausen (left page above)
La vieille ville de Gunzenhausen (page de gauche, en haut)

Rund um den „Blasturm“ (linke Seite unten)
Around the “Blasturm” (left page below)
Les alentours de la tour Blasturm“
(page de gauche, en bas)

Der Glockenturm am Marktplatz (oben)
The bell tower on the market place (above)
Le carillon de la Place du Marché (en haut)

Stadtmauerpartie mit Stadtwappen (rechts oben)
Part of the town wall with coat of arms (on the right above)
Partie du mur d´enceinte surmontée de blasons (à droite, en haut)

Alles strömt zum Kirchweihplatz (rechts unten)
Everybody flocks to the Country Fair (right below)
Tout le monde afflue vers la Place de la Kermesse (à droite, en bas)

In der Altstadt wurden viele Stadtviertel saniert.
Im Bild Brunnenstraße und Blasturm (linke Seite)

Many quarters of the old town were redeveloped.
Picture of Brunnenstraße and Blasturm (left page)

Assainissement de nombreux quartiers de la vieille ville.
Sur la photo, la rue Brunnenstrasse et la tour Blasturm (page de gauche)

Der Blasturm (oben)
The Blasturm (Above)
Le Blasturm (En haut)

Fachwerkstadel mit „Erzgebirgsstube“ (oben)
Fachwerkstadel with „Erzgebirgsstube“ (above)
Fachwerkstadel avec „Erzgebirgsstube“ (en haut)

Vitrinen und Exponate im Archäologischen Museum (unten)
Showcases and exhibits in the Archaeological Museum (below)
Vitrines exposant objets en Musée Archaeologique (en bas)

„Fossilien- und Steindruck-Museum“ (unten)
„Fossilien- und Steindruck-Museum“ (below)
„Fossilien- und Steindruck-Museum“ (en bas)

Der Museumsplatz in Gunzenhausen (oben)
The „Museumsplatz“ in Gunzenhausen (above)
Le „Museumsplatz“ en Gunzenhausen (en haut)

Im Stadtmuseum (rechts und unten)
In the Stadtmuseum (below and on the right)
En le Stadtmuseum (en bas et à droite)

Der „Markgrafensaal“ im Haus des Gastes (oben)
“Markgrafensaal” in the Haus des Gastes (house of guests; above)
„La Salle du Margrave“ dans le pavillon Haus des Gastes (en haut)

Portrait von Markgraf Carl Wilhelm Friedrich (links).
Portrait of Margrave Carl Wilhelm Friedrich (on the left).
Portrait de Margrave Carl Wilhelm Friedrich (à gauche).

„Haus des Gastes“ (rechte Seite).
“Haus des Gastes” (right page).
„Haus des Gastes“ (page à droite).

vhs

BUDELEI
Mode, die mich anzieht.
BUDELEI-MODE
FOSSIL
Tchibo
WUG SH 612

La Piazza

Lebendige Innenstadt von Gunzenhausen
(linke und rechte Seite)

Lively city of Gunzenhausen
(left and right page)

Vivant centre de Gunzenhausen
(page à droite et à gauche)

Erster Bürgermeister Gerhard Trautner 1997 und 2000 mit den Bürgermeistern aus Frankenmuth in USA/Michigan (oben und Mitte, in Frankenmuth) und aus Isle in Frankreich/Limousin (rechts, in Gunzenhausen)

First mayor Gerhard Trautner in 1997 and in 2000 with the mayors from Frankenmuth in USA/Michigan (above and centre, at Frankenmuth) and from Isle in France/Limousin (on the right, in Gunzenhausen)

Le maire Gerhard Trautner dans les années 1997 et 2000 en compagnie des maires de Frankenmuth in USA/ Michigan (en Frankenmuth; en haut et au milieu) et d´Isle in France/ Limousin (en Gunzenhausen; à droite)

Übergabe der Ehrenfahne des Europarates (Europapreis zur Förderung der Städtepartnerschaft Isle-Gunzenhausen) an die Stadt Gunzenhausen im April 2008. Von links: Franz Müller (ehem. Vorsitzender des Freundeskreises Gunzenhausen-Isle), Willi Hilpert (Altbürgermeister), Bernhard Schreiner (französisches Ehrenmitglied der Parlamentarischen Versammlung des Europarates), Gerhard Trautner (Erster Bürgermeister der Stadt Gunzenhausen) und Cornelia Rhode (Vorsitzende des Freundeskreises Gunzenhausen-Isle)

Französischer Abend am Färberturm (unten links)
„French Evening“ at the tower Färberturm (below left)
„Soirée française“ aux la tour Färberturm (en bas, à gauche)

Erzgebirgsschau im „Fachwerkstadel“ (unten rechts)
Erzgebirgsschau at the „Fachwerkstadel“ (below right)
Erzgebirgsschau en le „Fachwerkstadel“ (en bas, à droite)

Reichhaltiges Freizeitangebot in Gunzenhausen:
auf dem Flugplatz (oben), im Schwimmbad (links Mitte und unten) und beim Outdoor Gokart (unten)

Varied offer of leisure activities in Gunzenhausen:
at the airfield (above), at the swimming pool (left centre and below), and at the Outdoor Go-kart (below)

Offre variée d´activités de loisirs à Gunzenhausen:
sur l´aérodrome (en haut), à la piscine (à gauche au milieu et en bas) et au carting de plein air (en bas)

Moderne Architektur im heutigen Gunzenhausen:
Turm des neuen Feuerwehrhauses im Süden von Gunzenhausen (rechts), Fassade eines Schulbaus der neuen Grundschule Süd (unten links) und Aussichtsplattform im Giebel des neuen Sanatoriumbaus „Hensoltshöhe“ (unten rechts)

Modern architecture in today's Gunzenhausen:
Tower of the new building of fire brigade in the south of Gunzenhausen (on the right), the front of one school building of the new Grundschule Süd (below left), and a platform overlooking the countryside in the gable wall of the new building of sanatorium "Hensoltshöhe" (below right)

Architecture moderne aujourd´hui à Gunzenhausen:
Tour de la nouvelle maison des sapeurs pompiers dans le sud de Gunzenhausen (à droite), fassade d´un bâtiment scolaire de la nouvelle école primaire Süd (en bas, à gauche) et plate-forme contruite au pignon de la maison de Sanatorium "Hensoltshöhe" offrant une vue

Kunst und Kirche in Gunzenhausen
Art and church in Gunzenhausen
Les arts et l'eglise en Gunzenhausen

Gunzenhausen zu Füßen des Burgstallwaldes, der 'grünen Lunge der Stadt': Blick vom Alten Friedhof zum Sanatorium „Hensoltshöhe“ (oben).

Gunzenhausen at the foot of Burgstall wood, the 'green lung' of our town: View from Alter Friedhof (old cemetery) to sanatorium "Hensoltshöhe" (above).

Le „Gunzenhausen vert“ au pied de la forêt de Burgstall, le „poumon de la ville“: Vue du vieux cimetière sur la maison de cure „Hensoltshöhe“ (en haut).

Wohnhaus beim Isrealitischen Friedhof (links).
Dwelling house next to the Israelite cemetery (on the left).
Maison d´habitation près du cimetière israélite (à gauche)

Das „grüne Gunzenhausen“
The „green Gunzenhausen“
La „verde Gunzenhausen“

Fränkisches Seenland

The Franconian Lakeland

Le pays des lacs franconiens

Das Fränkische Seenland

Das Fränkische Seenland ist aus den beiden Vorhaben entstanden, die Hochwasser der Altmühl in den wasserarmen Teil Nordbayerns (Rednitz, Regnitz, Main) abzuleiten sowie die Wassermengen und damit auch die Wasserqualität der nordbayerischen Flüsse zu verbessern (Hochwasserschutz und Niedrigwassererhöhung). Die erhöhten Wassermengen dienen sowohl der Landwirtschaft (Sonderkulturen im Raum Nürnberg-Fürth-Erlangen - wie z.B. das Knoblauchsland), als auch der Energiewirtschaft (Kühlwasser für die Wärmekraftwerke) und der Industrie (Brauchwassereröhung). Das Fränkische Seenland bildet, so gesehen, eine Ergänzung zu den Bemühungen, mittels des Main-Donau-Kanals Wasser der Donau in die besagte Region zu befördern (von Kelheim über Dietfurth und Hilpoltstein ins Ballungsgebiet Nürnberg/Fürth/Erlangen bzw. in den Main). Es handelt sich also um die beiden wasserwirtschaftlichen Systeme, die "Kanalüberleitung" (Kelheim-Bamberg) und die "Brombachüberleitung" (Fränkisches Seenland). Zu beiden Systemen gehören insgesamt 5 Seen mit einer Gesamtwasserfläche von 19 qkm, 83 km Fließgewässer, 72 km Uferwege, 27 Wehre und 120 Steuerungswerke, die in der Betriebszentrale in Gunzenhausen überwacht und koordiniert werden.

Der Altmühlsee liegt in einer breiten Talniederung zwischen Ornbau und Gunzenhausen. An seiner Stelle trat die Altmühl in früheren Zeiten ein bis zweimal im Jahr über die Ufer und bildete in diesem Raum ein Überflutungsgebiet von ca. 1800 ha mit einer Tiefe von ca. 50 cm. Geographisch gesehen liegt der See im Ornbau-Gunzenhausener Altmühltal, einem fast ebenen Aufschüttungstal, welches durch das niedrige Flussgefälle (0,055%) gekennzeichnet ist. Von den ursprünglichen Auwäldem der Altmühl (Erlen, Eschen) finden sich heute keine Spuren mehr. Hie und da bildeten sich Moore, wie das zwischen Wald und Hirschlach. Landwirtschaftlich genutzt wird diese Fläche vorwiegend für die Fütterung. Ein großes Gebiet von Sumpfwiesen ist durch den neuen See verloren gegangen. Die Wiesen zwischen dem Nordufer des Sees und Ornbau stehen heute unter Naturschutz (Wiesenbrütergebiet).

Der Altmühlsee bedeckt eine Fläche von insgesamt 4,5 qkm, davon entfallen 3,3 qkm auf die reine Wasserfläche und 1,2 qkm auf die Inselzone (Vogelinsel). Um den See führt ein Ringdamm von über 12 km Länge, auf dessen Krone ein geschotterter Rundweg für Wanderer und Radfahrer angelegt ist. 1995 wurde auf dem See eine Schifffahrtslinie eingerichtet, mit Haltestellen in Muhr, Wald und Gunzenhausen.

Der Überleiter verbindet den Altmühlsee mit der Brombachtalsperre bzw. mit dem Kleinen Brombachsee. Auf einer Länge von ca. 8,7 Kilometern wird das Wasser in einem künstlich geschaffenen Kanalbett über die Große Europäische Wasser-scheide von Rhein und Donau hinweg transportiert. Der Überleiter West windet sich von Schlungenhof bis östlich des Heidweihers. Von hier führt er als unterirdischer Stollen durch den Gräfensteinberger Wald, wo er auf der Höhe der Ödweiher wieder ans Tageslicht tritt. Bei Neuherberg schließlich mündet er in den Kleinen Brombachsee. Der Kleine Brombachsee liegt, wie sein Großer Bruder auch, im südlichen Vorland des Spalter Hügeflandes, einem waldreichen Gebiet des Burgsandsteins, in dem der Brombach einst ein anmutiges Tal bildete.

Der Hl. Jakob bei Ornbau. Symbolisch überschreitet er die Wasserscheide zwischen Rhein und Donau (unten).

St. Jakob near Ornbau. He symbolically steps over the watershed between the Rhine and the Danube (below).

St Jakob près d´Ornbau. Il traverse symboliquement la ligne de partage des eaux entre le Rhin et le Danube (en bas).

Blick auf Muhr am See (Vordergrund), die Vogelinsel (Mitte rechts) und Gunzenhausen am Südufer des Altmühlsees (Hintergrund)

View toward Muhr am See (foreground), Vogelinsel (island of the birds, centre right) and Gunzenhausen on the south bank of Altmühlsee (background)

Vue sur Muhr am See (au premier plan), l´île aux oiseaux (au milieu à droite) et Gunzenhausen sur la rive sud du Altmühlsee (arrière-plan)

Zahlreiche Mühlen begleiteten ihn früher auf seinem Weg zur Schwäbischen Rezat. Die meisten von ihnen wurden dem Erdboden gleichgemacht. Der Kleine Brombachsee ist Teil der Brombachtalsperre, die mit ihrer Gesamtfläche von 12,7 qkm die Größe des Tegernsees (9,11 qkm) übertrifft. Der Igelsbachsee ist der kleinste der Seen des Fränkischen Seenlandes (0,9 qkm Wasserfläche). Er liegt idyllisch in einem waldigen Gebiet des Spalter Hügellandes. Der Rundwanderweg um den See ist ein Erlebnis, da die Ufer weitgehend für den Fremdenverkehr tabu bleiben sollen. Einziges touristisches Zentrum ist bislang die Freizeitanlage Igelsbachsee.

Der Große Brombachsee ist mit seiner Wasserfläche von 9,3 qkm und seinem Stauraum von 132,4 Mio Kubikmeter der größte See des Fränkischen Seenlandes und darüber hinaus der größte staatliche Wasserspeicher Bayerns. Beherrschend schließt der 1,7 km lange Hauptdamm den See nach Osten hin ab. Vier Freizeitzentren (in Allmannsdorf, Enderndorf, Pleinfeld und Ramsberg) haben bereits ihre Pforten geöffnet. In Ramsberg ist Europas größter Binnenhafen für Segelboote entstanden, und seit dem Jahre 2001 verkehrt mit der MS Brombachsee der Welt größter Trimaran auf den Wassern des Brombachsees, und das mit über 600 Passagieren an Bord! Der Bau der Rothsee-Talsperre steht in unmittel-barem Zusammenhang mit dem Bau des Main-Donaukanals.

Hauptzweck ist die Zwischenspeicherung der aus der Donau bei Kelheim hierher gepumpten Wasser, die der Aufhöhung der Rednitz, der Regnitz und des Mains dienen. Zentren des Fremdenverkehrs im nördlichen Teil des Rothsees (Kleine Vorsperre) sind die beiden Orte Birkach und Polsdorf. Der obere Bereich der Vorsperre bei Fischhof ist als Naturschutzgebiet ausgewiesen (ca. 2/3 der Fläche). Nur ein Drittel des kleineren der beiden Seen ist für Freizeitaktivitäten nutzbar. Segeln und Surfen sind nur im Gebiet der Hauptsperre und auf dem Main-DonauKanal möglich, wo auch die Schwimmwettbewerbe der Triathleten durchgeführt werden. Haimpfarrich und Heuberg sind die beiden touristischen Zentren am Ufer der Hauptsperre.

The Franconian Lakeland

The Franconian Lakeland was created by a result of two other projects: by draining off floodings of river *Altmühl* to the drier part of North Bavaria (Rednitz, Regnitz, Main), and by improving the amount and quality of the water of the rivers of North Bavaria (protection from floodings and raising the amount of water in dry times). The increase of water serves agriculture (special cultures in the Nuremberg-Fuerth-Erlangen area, as for instance the *Knoblauchsland*), as well as industry, mainly the energy industry (cooling water for the thermoelectric power plants) and the producing industry (increase of industrial water). Thus the Franconian Lakeland is a complement to the endeavours to carry waters from the Danube (by way of Main-Danube-Canal) into the mentioned region (from Kelheim over Dietfurth and Hilpoltstein to the Nuremberg/Fuerth/Erlangen concurbation or into the river Main respectively). Thus it concerns the two water economical systems "Canal passage" (Kelheim-Bamberg) and the "Brombach passage" (Franconian Lakeland). Both systems together amount to five lakes with a total water surface of 19 square kilometers, 83 km flowing waters, 72 km embankment walks, 27 weirs and 120 control mechanisms that are monitored and coordinated in the control centre in Gunzenhausen.

Altmühlsee (Lake Altmuehl) is situated in a wide valley between Ornbau and Gunzenhausen. In its place in former times the river *Altmühl* used to flood the meadows once or twice a year, thus creating a flooding area of approx. 1800 ha with a depth of 0,50 m. The lake is geographically considered situated in the Ornbau-Gunzenhausen *Altmühltal* (Altmuehl Valley), an almost level accumulation valley, which is characterized by a low river gradient of 0,055%.

No traces are left of original flood-plain woods (*Auenwälder*-alders, ash trees) of the river *Altmühl*'s . Here and there moors came into being, like in the land between Wald and Hirschlach. Economically this area is used mainly for feeding. A huge area of swampy meadows was flooded by the new lake. The meadows left between the northern embankment of the lake and Ornbau are protected today (as an area where many birds breed).

Altmühlsee covers an area of altogether 4,5 sq km, 3,3 sq km of which are pure water surface and 1,2 sq km island zone (*Vogelinsel* - bird island). The lake is surrounded by a ring-shaped embankment, on the crown of which a gravelled path for walkers and bikers was set up. In 1995 a shipping line with stops at Muhr, Wald and Gunzenhausen was established on the lake. The *Überleiter* connects *Altmühlsee* with *Brombach* dam or *Kleiner Brombachsee* (Small Lake Brombach) respectively. Over 8,7 km the water is transported in an artificially created canalbed over the Great European Watershed between the Rhine and the Danube. The *Überleiter West* winds its way from Schlungenhof to the east of the *Heidweiher*. From there it passes the Gräfensteinberger Forest through an underground tunnel and reaches daylight again at the height of the *Ödweiher*. At Neuherberg it finally flows into *Kleiner Brombachsee*.

Kleiner Brombachsee is just like its big brother, *Großer Brombachsee* (Big Lake Brombach), is situated in the southern foothills of the Spalter Hügelland, a sandstone area formerly rich in forests, where the stream *Brombach* once formed a charming valley. Numerous mills used to line their way into the river *Schwaebische Rezat*. Most of them were already razed to the ground. *Kleiner Brombachsee* is part of the *Brombach* dam and reservoir, which exceeds the size of *Tegernsee* (9,11 sq km) in South Bavaria with its total water surface of 12,7 sq km .

Igelsbachsee (Lake Igelsbach) is the smallest lake of the Franconian Lakeland (0,9 sq km water surface). It is situated idyllically in a wooded area of the Spalter Hügelland. Walking the footpath around the lake is an experience, as its shores have remained to a great extend closed to tourism. The only tourist centre is the *Freizeitanlage Igelsbachsee* so far.

Großer Brombachsee with its water surface of 9,3 sq km and its capacity of 132,4 million cubic metres is the biggest of the Franconian Lakes and furthermore the biggest state-owned water reservoir in all of Bavaria. Towards the east the reservoir is dominated by the 1,7 km long main dam. Four holiday facilities (in Allmannsdorf, Enderndorf, Pleinfeld and Ramsberg) have already opened their gates. In Ramsberg the biggest inland port for sailing boats of Europe was created, and since 2001 with the *MS Brombachsee* the biggest trimaran of world has been running on the waters of Lake Brombach with over 600 passengers on board!

The construction of the *Rothsee* dam is directly connected with the construction of the Main-Danube Canal. Its main purpose is the interim storage of water which is pumped here from river Danube at Kelheim and serves to raise the waters of the Rednitz, the Regnitz and the Main. Tourist centres on the northern part of *Rothsee* (*Kleine Vorsperre* - small pre-reservoir) are the two villages Birkach and Polsdorf. The upper part of the *Vorsperre* (pre-reservoir) near Fischhof was declared a nature reserve (approx. 2/3 of the area). Only one third of the smaller lake of the two may be used for leisure activities.

Sailing and surfing are only possible in the area of the *Hauptsperre* (main reservoir) and on the Main-Danube Canal. Here also the triathletes contests in swimming take place. Haimpfarrich and Heuberg are the two tourist centres on the bank of the *Hauptsperre*.

Badeleben am Strand des Kleinen Brombachsees (oben)
On the beach of Kleiner Brombachsee (above)
Baignade sur la plage du Petit Brombachsee (en haut)

Brunnen mit St. Georgsfigur vor dem Deutschordensschloss in Absberg. Über dem Portal prangt das prächtige Wappen des Ritterordens (rechts)

Fountain with statue of St. Georg's in front of the castle of the Deutschordensritter in Absberg. Above the portal this order of knights' magnificent coat of arms is displayed (on the right)

Fontaine surmontée de la statue de St Georges devant le château de l´ordre allemand à Absberg. Resplendissant au dessus du portail, le magnifique blason de l´ordre des chevaliers. (à droite)

Das Fränkische Seenland
(le pays des lacs franconiens)

Le *Fränkische Seenland* est le résultat de deux projets; d´une part, détourner les crues de l´Altmühl dans la région privée d´eau de la Bavière du nord (Rednitz, Regnitz, Main), et, d´autre part, augmenter la quantité, et par là-même la qualité de l´eau des rivières de la Bavière du nord (protection contre l´inondation et élévation des basses eaux). L´élévation des eaux sert à la fois à l´agriculture (cultures spécifiques aux alentours de Nüremberg-Fürth et Erlangen qu´on appelle: le pays de l´ail), à la production d´énergie (eau de refroidissement pour les centrales thermiques) et à l´industrie (augmentation du débit d´eau potable).
Le *Fränkische Seenland* complète ainsi les efforts d´acheminement de l´eau du Danube, par l´intermédiaire du canal Maine-Danube, dans les régions susmentionnées (de Kelheim, en passant par Dietfurth et Hipoltstein, vers les régions urbaines de Nüremberg, Fürth, Erlangen resp. dans le Main). Il s´agit ainsi des deux systèmes de distribution des eaux „voie de liaison du canal Kelheim-Bamberg" et „voie de liaison du Brombach" (Fränkisches Seenland). Appartiennent à ces deux systèmes 5 lacs d´une superficie totale de 19 km², 83 km d´eaux courantes, 72 km de rives, 27 barrages et 120 unités de commande qui sont surveillés et coordonnés dans le centre de fonctionnement de Gunzenhausen.

L´ Altmühlsee (le lac de l´Altmühl) s´étend dans une vallée très évasée, entre Ornbau et Gunzenhausen. Jadis, à cet endroit, l´ Altmühl sortait de son lit une à deux fois par an en inondant une surface de 1800 Ha profonde de 50 cm. Du point de vue géographique, le lac est situé dans la vallée de l´Altmühl, une vallée presque plate, caractérisée par une faible pente (0,055%). Aujourd´hui, il n´existe plus aucune trace des anciennes forêts de l´Altmühl peuplées d´aulnes et de frênes. Ça et là, des marécages se sont formés comme on peut le constater entre Wald et Hirschlach. Cette surface agricole est principalement exploitée pour l´alimentation des animaux. Une grande partie des prairies marécageuses a disparu suite à la construction des nouveaux lacs. Les prairies situées entre la rive nord du lac et Ornbau sont classées, aujourd´hui, sites naturels protégés (zone de nidification). L´*Altmühlsee* recouvre une surface totale de 4,5 km², dont 3,3 km² correspondent à la surface d´eau proprement dite et 1,2 km² à la zone insulaire (île aux oiseaux). Le lac est entouré d´une digue longue de plus de 12 km, au sommet de laquelle une piste gravillonée pour randonneurs et cyclistes a été aménagée. En 1995, on a établi une ligne de navigation avec des arrêts à Muhr, Wald et Gunzenhausen. La voie de liaison relie le lac de l´Altmühl au barrage du Brombach respecti-vement au petit Brombachsee. L´eau est transportée, sur une distance de 8,7 km et grâce à un canal artificiel, au-delà de la ligne de partage européenne des eaux du Rhin et du Danube. La voie de liaison ouest serpente de Schlungenhof jusqu´à l´est de l´étang de l´Heid. De là, elle franchit la forêt de Gräfen-steinberg à travers une galerie souterraine avant de réapparaître au grand jour à la hauteur de l´étang d´Öd. Enfin, à Neuherberg, elle se jette dans le petit lac Brombach.
Le petit Brombachsee (le petit lac du Brombach) est situé, tout comme son grand frère, au sud des collines de Spalt, une zone de châteaux en grès riche en forêts dans laquelle le Brombach créa jadis une gracieuse vallée. De nombreux moulins jalonnaient autrefois son cours vers la Rezat de Souabe. La plupart d´entre eux ont été rasés. Le petit Brombachsee fait partie du barrage du Brombach, dont la surface totale de 12,7 km² dépasse celle du Tegernsee.
L´Igelbachsee est le plus petit lac du pays des lacs franco-niens (0,9 km2 de surface). Il jouit d´un emplacement idyllique au milieu des collines boisées de Spalt. Parcourir le chemin de randonnée qui l´entoure est un évènement exeptionnel puisque les rives du lac doivent en grande partie rester fermées au tourisme. L´unique centre touristique est jusqu´à présent le centre de loisirs d´Igelbachsee.
Le grand Brombachsee représente par sa surface de 9,3 km² et son réservoir d´eau de 132,4 millions de m³ le plus grand des lacs franconiens et de ce fait le plus grand réservoir d´eau du Land de Bavière. Le barrage principal, long de 1,7 km, ferme de façon imposante le réservoir d´eau à l´est. Quatre centres de loisirs (à Allmannsdorf, Enderndorf, Pleinfeld, et Ramsberg) y ont ouvert leurs portes. A Ramsberg a été créé le port intérieur de bateaux à voile le plus grand d´Europe et depuis 2001 navigue sur les eaux du Brombachsee, *MS Brombachsee*; le plus grand trimaran du monde pouvant transporter 600 personnes à son bord!
La construction du barrage du *lac Rothsee* est en corrélation directe avec la construction du canal du Main au Danube, le but principal étant le réservoir intermédiaire des eaux pompées du Danube au niveau de Kelheim et destinées à l´élévation des eaux de la Rednitz, de la Regnitz et du Main. Les localités de Birkach et de Polsdorf sont les centres touristiques principaux du nord du lac Rothsee (petit barrage). La partie supérieure du petit barrage près de Fischhof est classée site naturel protégé sur environ 2/3 de sa surface). Seul le tiers du plus petit des deux lacs est utilisé pour les activités de loisirs. La pratique de la voile et de la planche à voile n´est permise que dans la zone du barrage principal et sur le canal du Main au Danube, là où se déroule aussi la compétition de natation des triathlons. Haimpfarrich et

Bild oben: Zwischen Fallweiher (links) und neuer Verbindungsstraße Altmühlsee-Brombachsee windet sich der Überleiter, bevor er „im Untergrund" verschwindet. Im Hintergrund der Kleine Brombachsee.

Above: Between Fallweiher (on the left) and the new road connecting Altmühlsee and Brombachsee the Überleiter winds before vanishing in the "underground". In the background Kleiner Brombachsee.

Photo du haut: Entre Fallweiher (à gauche) et la nouvelle route reliant l´Altmühlsee au Brombachsee, la voie de liaison décrit des méandres avant de disparaître sous terre. En arrière-plan, le Petit Brombachsee.

Idylle im Segelhafen Gunzenhausen-Wald (rechts)

Idyll of the sailing harbour in Gunzenhausen-Wald (on the right)

Atmosphère idyllique dans le port de Wald (commune de Gunzenhausen; à droite)

Blick vom Reutberg zum Altmühlsee (oben)
View from Reutberg toward Altmühlsee (above)
Vue de Reutberg sur l´ Altmühlsee (en haut)

Segeln und Baden am Altmühlsee (Mitte und unten)
At Altmühlsee: Sailing and swimming (centre and below)
Voile et baignade au lac Altmühlsee (aux milieu et en bas)

Die neue Straße Gunzenhausen - Muhr am Ostufer des Altmühlsees. Im See die Vogelinsel (rechte Seite oben).

The new road Gunzenhausen - Muhr on the east bank of Altmühlsee. In the lake the „Vogelinsel“, the island of the birds (right page above).

La nouvelle route de Gunzenhausen à Muhr sur la rive est de l´Altmühlsee. L´île aux oiseaux du lac (page de droite, en haut).

Von Ornbau fließen die Wasser der Altmühl über den Zuleiter zum Altmühlsee. Im Bildhintergrund Weidenbach (rechte Seite unten).

The waters of the river Altmühl flow from Ornbau through the Zuleiter to Altmühlsee. In the background Weidenbach (right page below).

Les eaux de l´Altmühl coulent d´Ornbau vers l´Altmühlsee en passant par la voie de liaison. En arrière-plan, se trouve Weidenbach (page de droite, en bas).

Die „MS Gunzenhausen“ am Altmühlsee (oben)
The „MS Gunzenhausen“ on Altmühlsee (above)
Le „MS Gunzenhausen“ sur le lac Altmühlsee (en haut)

An Bord der „MS Altmühlsee“
On board of the „MS Altmühlsee“
À bord de „MS Altmühlsee“

Blick auf das Seezentrum Gunzenhausen-Schlungenhof mit Campingplatz, Restaurants, Segelhafen und Badestrand (unten).

View on Seezentrum Gunzenhausen-Schlungenhof with its camping site, restaurants, sailing harbour and beach (below).

Vue sur le centre maritime de Gunzenhausen-Schlungenhof avec ses campings, ses restaurants, son port et sa plage (en bas).

Schloss Altenmuhr am Ufer der Altmühl (oben und rechts)
Castle Altenmuhr on the bank of the Altmühl (above and on the right)
Le château Altenmuhr sur la rive de l´Altmühl (en haut et à droite)

Neuer Brunnen der Seengemeinde Muhr (unten)
New fountain in the lake community Muhr (below)
Nouvelle fontaine de la commune de Muhr située au bord du lac (en bas)

Am Westufer der Altmühl überragt der spitze Turm der Schlosskirche die Dächer von Wald (rechts).

On the west bank of the Altmühl the pointed steeple of the tower of the Schlosskirche above the roofs of Wald (on the right).

Sur la rive ouest de l´Altmühl , la tour en pointe, de l´église du château, dépasse les toits de Wald (à droite).

Altmühl mit Stadtmauer und Turm in Ornbau (linke Seite)
Altmühl with town wall and tower in Ornbau (left page)
L´Altmühl avec mur d´enceinte et tour à Ornbau (page de gauche)

Von der Luft aus gesehen ist das mittelalterliche Stadtbild von Ornbau gut zu erkennen (Mitte links).

Viewed from the air the medieval townscape of Ornbau is well discernible (centre left).

Vue aérienne permettant de reconnaître facilement la physionomie de la ville du Moyen Âge d´Ornbau (au milieu, à gauche).

Grabmal eines französischen Lustspieldichters (Mitte)
A French comedies writer's tomb (centre)
Tombeau d´un auteur de comédies français (au milieu)

Eichstätter Bischofswappen in Ornbau (Mitte rechts)
The bishop's of Eichstätt coat of arms at Ornbau (centre right)
Blasons d´évêques d´Eichstätt à Ornbau (au milieu, à droite)

Radlerpause an der Ornbauer Stadtmauer (rechts)
Bikers' break next to Ornbau's town wall (on the right)
Pause des cyclistes près du mur d´enceinte d´Ornbau (à droite)

Wunibaldsbrunnen vor dem Rathaus in Arberg (links)
Wunibaldsbrunnen in front of the town hall in Arberg (on the left)
Fontaine Wunibald devant la mairie à Arberg (à gauche)

Grabsteine in der Altenmuhrer Kirche (links unten)
Gravestones in the church of Altenmuhr (left below)
Pierres tombales dans l´église Altenmuhr (en bas, à gauche)

Der Arberger Torturm aus dem Jahre 1735, ein bedeutender Bau von Gabriel de Gabrieli (unten).

The gate tower of Arberg from 1735, an outstanding building by Gabriel de Gabrieli (below).

La tour du portail d´Arberg de l´année 1735, une construction remarquable de Gabriel de Gabrieli (en bas).

Das neu gestaltete Merkendorfer Rathaus mit Krautbrunnen und Maximilian-Steinrelief, das den Besuch des Kaisers im Jahre 1506 darstellt (rechte Seite).

The redeveloped town hall of Merkendorf with the Krautbrunnen and the Maximilian stone relief showing the emperor's visit in 1506 (right page).

La mairie de Merkendorf nouvellement aménagée avec la fontaine 'Krautbrunnen' et le relief en pierre (1506) représentant la visite de l´empereur Maximilien (page de droite).

Rathaus

1861

Blick auf die Altstadt von Wolframs-Eschenbach.
Der vollständige Mauerring ist gut zu erkennen (oben).

View on the old town of Wolframs-Eschenbach. The complete ring of the town wall is well recognizable (above).

Vue sur la vieille ville de Wolframs-Eschenbach.
L´enceinte circulaire est facile à reconnaître (en haut).

Wolfram-von-Eschenbach-Brunnen und im Bildhintergrund die „Alte Vogtei". Rechts das Deutschordensschloss, heute Rathaus (linke Seite).

The Wolfram-von-Eschenbach fountain and in the background the "Alte Vogtei". On the right the castle of Deutschorden, today town hall (left page).

La fontaine „Wolfram d´Eschenbach" et l´ „ancien Vogtei" en arrière-plan. À droite, le château de l´ordre allemand, aujourd´hui la mairie (page de gauche).

Eingangsportal zur „Alten Vogtei", einst Ordensvogtei des 17. Jh.s, heute Gasthof und Hotel (rechts).

Entrance portal to "Alte Vogtei", in the 17th century the office of the knights order's bailiff, today restaurant and hotel (on the right).

Portail d´entrée de „Alte Vogtei", jadis l´ordre du bailli du XVIIe s., aujourd´hui restaurant, hôtel et lieu de rencontre (à droite).

Engel und Wald zu Füßen von Schloss Spielberg (oben)
Angel and woods at the foot of castle Spielberg (above)
Anges et forêts au pied du château de Spielberg (en haut)

Auf Schloss Spielberg hat sich der Künstler Ernst Steinacker zu Lebzeiten ein Denkmal errichtet (links).

In castle Spielberg the artist Ernst Steinacker built himself a monument during his lifetime (on the left).

Au château de Spielberg, l´artiste Ernst Steinacker s´est érigé, de son vivant, un monument (à gauche).

Die Münsterkirche in Heidenheim birgt das Grab des Gründerheiligen Wunibald. Im Bildhintergrund die Grabtumba für die Hl. Walburga. Beide haben den Hahnenkamm im 8. Jh. missioniert (rechte Seite).

Münsterkirche in Heidenheim contains the holy founder Wunibald's grave. In the background the tomb of St. Walburga. They both did missionary work in the Hahnenkamm area in the 8th century (right page).

La cathédrale à Heidenheim renferme le tombeau du Saint fondateur Wunibal. En arrière-plan, le tombeau de la Sainte Walburga. Ces derniers ont tous les deux prêché la mission, au VIIIe s., dans la région du Hahnenkamm (page de droite).

Flug über den Kleinen Brombachsee. In der Bildmitte die Badehalbinsel unterhalb Absbergs (oben)

Flight over Kleiner Brombachsee. In the centre of the picture the Badehalbinsel (bathing peninsula) below Absberg (above)

Vol au-dessous du Petit Brombachsee. Au centre de la photo, la presqu´île au-dessous d´Absberg (en haut)

Wildromantisches „Schnittlinger Loch“ (rechts)
Wild and romantic "Schnittlinger Loch" (on the right)
„Schnittlinger Loch“ sauvage et romantique (à droite)

Landschaft der „Spalter Schweiz“ (linke Seite oben)
Landscape in the "Spalter Schweiz" (left page above)
Paysage de „la Suisse de Spalt“ (page de gauche, en haut)

Winter am Kleinen Brombachsee (linke Seite unten)
Winter at Kleiner Brombachsee (left page below)
Hiver au Petit Brombachsee (page de gauche, en bas)

Hopfenspeicher Mühlreisighof (oben links)
Hop granary Mühlreisighof (above left)
Grenier à houblon Mühlreisighof (en haut, à gauche)

Hopfengarten in der Spalter Schweiz (oben rechts)
Hop garden in Spalter Schweiz (above right)
Houblonnière dans la Suisse de Spalt (en haut, à droite)

Zugang zur Burg Wernfels (links unten)
Entrance to castle Wernfels (left below)
Montée au château fort de Wernfels (en bas, à gauche)

Sandsteinbauweise in Spalt. Im Bildhintergrund einer der beiden Türme von St. Nikolaus (rechte Seite).

Sandstone buildingsint Spalt. In the background one of the two towers of St. Nikolaus (right page).

Constructions en grès à Spalt. En arrière-plan, une des deux tours de St Nicolas (page de droite).

BOOTE

Blick auf den Igelsbachsee (oben)
View on Igelsbachsee (above)
Vue sur le lac Igelbachsee (en haut)

Die Spalter Schweiz ist ein beliebtes Wandergebiet.
Im Bild eine Wandergruppe bei der Bärenburg (rechts).

The Spalter Schweiz is a popular hiking area. In the picture a group of hikers at Bärenburg (on the right).

La Suisse de Spalt est une zone de randonnée populaire. Sur la photo, un groupe de randonneurs près du fort Bärenburg (à droite).

Idylle am Igelsbachsee (linke Seite oben)
Idyll at Igelsbachsee (left page above)
Atmosphère idyllique au lac Igelbachsee (page de gauche, en haut)

Die Mandlesmühle (linke Seite unten links)
Mill Mandlesmühle (left page below left)
Le moulin Mandlesmühle (page de gauche, en bas)

Schloss Ratibor in Roth (linke Seite unten rechts)
Castle Ratibor in Roth (left page below right)
Le château Ratibor à Roth (page de gauche, en bas, à droite)

Ausflugsschiff auf dem Brombachsee (oben)
Excursion boat on Brombachsee (above)
Bateau d´excursion sur le Brombachsee (en haut)

Schloss und Kirche in Pleinfeld (Mitte rechts)
Castle and church in Pleinfeld (centre right)
Le château et l´église de Pleinfeld (au milieu, à droite)

Strandhaus in Birkach am Rothsee (rechts unten)
Beach house at Birkach on the Rothsee (right below)
Maison de la plage à Birkach au lac Rothsee (à droite, en bas)

Badestrand auf der Badehalbinsel (linke Seite oben)
Beach on the bathing peninsula (left page above)
Plage de la presqu´île balnéaire (page de gauche, en haut)

Die „Arche" am Hauptdamm des Brombachsees
ist ein beliebter Treffpunkt für Radler (linke Seite unten).

The "Arche" on the main dam of Brombachsee is a
popular meeting place for bikers (left page below).

L´"Arche", au barrage principal du Brombachsee, est un
lieu de rencontre populaire des cyclistes (page de gauche, en bas).

Die Ortsteile
The districts
Les communes

Die Ortsteile der Stadt Gunzehausen

Markant erhebt sich über dem Westufer des Altmühlsees der weißgetünchte Turm der Schlosskirche in ***Wald***. 1722 ließ ihn der Gunzenhäuser Baumeister Carl Friedrich von Zocha für den Neubau der Kirche herrichten - ganz im Stil des zu jener Zeit hochmodernen „Ansbacher Rokoko". Im Innern der Quersaalkirche besticht die Architektur des sog. Markgrafenstils: Kanzel, Orgel und Altar in einer Vertikalen - damals die originelle Premiere eines neuen Typus für den protestantischen Kirchenbau der Ansbacher Markgrafen.
Gleich nebenan das Schloss der freiherrlichen Familie von Falkenhausen. Ebenfalls ein Neubau des Ansbacher Oberhofbaurates Carl Friedrich von Zocha aus Gunzenhausen. Schlichte Vornehmheit beherrscht den zweigeschossigen Mansarddachbau mit seinen beiden anmutigen Wirtschaftsbauten, den sog. Kavaliershäuschen. 1730 erfolgte der Neubau. Wald mit seinen Ortsteilen *Mooskorb*, *Schweina* und *Steinabühl* bietet heute seinen Feriengästen eine abwechslungsreiche Palette an Freizeitmöglichkeiten.
Die Gemeinde ***Streudorf*** liegt am Rande des großen Waldgebietes „Heide" und zugleich am Westufer des neuen Altmühlsees. Sie besitzt ein dominantes Gemeinde- und Spritzenhaus, dessen neugotischer Glockenturm aus dem Jahre 1876 schon gelegentlich mit dem einer kleinen Dorfkirche verwechselt wird. Von jungen Buchen ist im Ortsnamen ***Büchelberg*** die Rede, die an einem Berghang standen, als die kleine Siedlung „Puechelberg" im Mittelalter gegründet wurde. Heute beherrscht das im Jahre 1964 errichtete „Feierabendhaus" der Hensoltshöhe das Ortsbild von Büchelberg, das sich in den letzten Jahren zu einer beliebten Feriengemeinde entwickelt hat.
Großen Zulauf erfährt heute das „Golddorf ***Laubenzedel***", das 1961 als Bundessieger aus dem Wettbewerb „Unser Dorf soll schöner werden" hervorging. Hübsch hergerichtete Bauernhäuser werben um die Gunst der Gäste, und für die kleinen unter ihnen wird eine Menge unternommen. In der Dorfmitte überragt die Dächer der Laubenzedeler Ferienhäuser der Turm der ev. Pfarrkirche von 1709. Dank einer Urkunde aus dem Jahre 1238, wonach eine gewisse Adelheid von Absberg dem Kloster Auhausen ein Gut zu „Frichenvelde" geschenkt hatte, konnten die Bewohner von ***Frickenfelden*** im Jahre 1988 ihr 750-jähriges Jubiläum feiern. Aus dem dreigeschossigen „Glockenturm mit Anbau", seit seiner Errichtung im Jahre 1880 Wahrzeichen des Dorfes, hat man in den Jahren von 1994 bis 1996 eine wunderschöne Kapelle gestaltet, vom Künstler Reinhart Fuchs geschmackvoll eingerichtet und in dieser Form sicherlich einmalig in Bayern!
1632, inmitten des Dreißigjährigen Krieges, wurde die ***Oberasbcher*** St. Wolfgangs - Kapelle zerstört, für die der griechische Bischof Bessarion im Jahre 1460 einen Ablassbrief ausstellen ließ. Erst 1878 hat man unter Verwendung alter Mauersteine an gleicher Stelle ein neues Gotteshaus errichtet, den Friedhof mit einer Mauer umgeben und eine noch heute in Teilen bestehende Lindenallee angelegt. Heute ist Oberasbach, das sich hoch über dem Altmühltal auf einem Plateau der Juraalb ausdehnt, vor allem bei Feriengästen und Liebhabern eines selbstgebrauten Gerstensaftes bekannt. Nur unweit entfernt schmiegt sich der idyllische Weiler ***Obenbrunn*** in die sanfthügelige Landschaft der Juravoralb.
Zwischen Oberasbach und ***Unterasbach***, die im 13. Jahrhundert das Dorf „Aspach" bildeten, erhebt sich der schön gestaltete Turm der Michelskirche, die in ihren Ursprüngen auf das ausgehende 15. Jh. zurückgeht. Aus dieser Zeit stammt noch der untere Teil des Kirchturms, dessen Obergeschoss kein geringerer als Johann David Steingruber mit einem hübsch anzusehenden Kuppelhelm und einer zierlichen Spindelhaube versehen ließ (1752-1754).
Dieses markante Äußere verhalf der Kirche auf dem 'Michelsbuck' zu ihrem Ruf als Wahrzeichen des Gunzenhäuser Landes.
In ***Aha*** hat sich der renommierte Gunzenhäuser Architekt Carl Friedrich von Zocha die Ruhmeslorbeeren für die gelungene Gestaltung der Pfarrkirche in Aha erworben. Aha ist als Dorf wegen seiner Nähe zu Gunzenhausen ein bevorzugtes Wohngebiet. Auch kümmert man sich hier seit einigen Jahren mit Erfolg um die Sauberhaltung der Altmühlstadt. Das ortsansässige Unternehmen hat für die Müllentsorgung ein kleines 'Dorf im Dorf' errichtet und damit zahlreiche Arbeitsplätze für die einst selbständige Gemeinde geschaffen.
„O ***Edersfeld*** - O Edersfeld - Du bist die Schönste auf der Welt" priesen einst die Edersfelder ihr Dorf im Altmühltal. Die Ruhe und Beschaulichkeit abseits der neuen Umgehungsstraßen haben den kleinen Ort zum 'Geheimtip' für gestresste Kleinstädter werden lassen. Von Glanz und Gloria ist in ***Pflaumfeld*** nicht mehr viel zu spüren, und das, obwohl hier einst das „Schlösschen" der Freiherren von Rauber stand. Bereits 1716 soll es wegen Baufälligkeit abgebrochen worden sein. St. Laurentius entstand im 14. Jahrhundert als typisch gotische Chorturmkirche und wurde 1853/54 grundlegend restauriert. Der Ortsname bezieht sich auf eine „Siedlung zu dem Feld, wo Pflaumenbäume wachsen".
Abwechslungsreich ist die Visitenkarte von St. Peter in ***Stetten***: 14. Jh. Bau einer Chorturmkirche, 1564 Neubau des Langhauses, 1615 polygoner Turmaufsatz, 1680 neues Helmdach und 1822 neue Inneneinrichtung und Verbreiterung des Kirchenraumes nach Norden. Heute betritt man die Anlage durch das von einer fünf Meter hohen Mauer eingesäumte Kirchtor. Gegenüber erhebt sich der stattliche Walmdachbau des Pfarrhauses aus dem Jahre 1750. Der mächtige Giebelbau des alten Brauereigasthofes (1627) erinnert mit seinem dekorativen

Die Pfarrkirche im Ortsteil Stetten
The parish church of the district of Stetten
L´Église paroissiale de la commune de Stetten

Ausleger an die große Tradition des Hauses. Einst hatte hier der 'Bürgermeister und Fürstenwirt Rosa zu Gunzenhausen' das Sagen.

Wenn es nach den Seitenzahlen der Ortschronik von ***Cronheim*** ginge, so müsste der Ort auf eine lange und reichhaltige Geschichte zurückblicken können. Und fürwahr: auf 700 Seiten blätterte Dr. theol Karl Ried eine Fundgrube historischer Daten und Fakten auf, die sich auf die Entwicklung des alten Adelssitzes beziehen. Nachdem der alte Orstadel im 16. Jahrhundert ausgestorben war, ließen dieHerren von Leonrod ein neues Wasserschloss errichten, auf dem in der Folge die Herren von Eyb und später die Adeligenfamilie des Fuchs von Bimbach saßen. 1661 ging die Herrschaft an das Hochstift Eichstätt über, bevor 1806 Maximilian von Montgelas, der 'Vater des modernen Bayerischen Staates' hier einzog. Später gelangte Cronheim in den Besitz der Preussen und wurde schließlich an privat verkauft. Die einst stolze 'Weiherhaus-Anlage' wäre sicherlich dem Verfall preisgegeben worden, hätte nicht die Arbeiterwohlfahrt (AWO) im Jahre 2000 hier das 'Therapiezentrum Schloss Cronheim' und ein sehenswertes Heimatmuseum eingerichtet.

Unterwurmbach, Gunzenhausens größter Ortsteil hat sich vor allem nach dem Zweiten Weltkrieg als neue Heimstatt für Vertriebene bewährt. Der alte Ortskern wird durch den Verlauf der alten Ludwig-Nord-Süd-Bahn von der neuen Siedlung getrennt. Ein hoher Viadukt über dem Filchenharder Tal (1849) bestimmt das Ortsbild von Unterwurmbach, ebenso wie das enso wie das schmucke Ambiente des Kirchplatzes mit seiner alten Dorflinde, dem Drachenbrunnen und dem kleinen Informationsstand am modernen Bau des Kindergartens. Überschattet wird dieser Platz vom hochaufragenden Turm der Pfarrkirche St. Jodokus aus dem Jahre 1862. Die Holztonnenkonstruktion des Daches erinnert an die Bauzeit der Spätgotik. Auch an das vormalige Schloss erinnert nur noch eine Gedenktafel am Haus Nummer 4 in der Schlossgasse.

The districts of Gunzenhausen

Visible from afar, the whitewashed tower of the Schlosskirche in ***Wald*** rises above the western bank of Lake Altmuehl. In 1722 the architect of Gunzenhausen *Carl Friedrich von Zocha* had renovated it for the newly built church - completely in the style of the at the time ultramodern "Ansbach Rococo". The interior of the transept church impresses with the architecture of the so-called Margravian style: pulpit, organ and altar on one vertical line - the then original premiere of a new type of protestant church building for the Ansbach margraves.
Next to it the castle of the noble *Freiherr von Falkenhausen*'s family is situated, which is also an original work of the court architect of Ansbach *Carl Friedrich von Zocha* from Gunzenhausen, built in 1730. The two-storey main building with mansard roof and its two char-ming outbuildings, the so-called "Kavaliershäuschen", are dominated by a simple elegance. Today Wald with its districts *Mooskorb, Schweina* and *Steinabühl* offers the tourist a varied range of leisure activities.
The village ***Streudorf*** is situated on the border of the huge wooded area "Heide" and also on the west bank of Lake Altmuehl. It has an attractive civic centre and a fire station. The neo-Gothic bell tower is sometimes confused with the tower of a small village church. The name of ***Buechelberg*** speaks of young beech trees, which stood on the slope, when the small settlement "Puechelberg" was founded in the Middle Ages. Today the in 1964 built *Feier-abendhaus* of the *Hensoltshöhe* dominates the appearance of the village, which has developed into a popular tourist site.
Also very popular is "gold village ***Laubenzedel***", which in 1961 was winner of the German contest *"Unser Dorf soll schöner werden"* (our village is to get nicer). Prettily renovated farm houses woo the favour of the guests, and a lot is done for the smaller ones among them. In the middle of the village the tower of the protestant parish church from 1709 rises above the roofs.
Due to a document from 1238, according to which a certain *Adelheid von Absberg* gave the monastery Auhausen an estate at "Frichenvelde", the inhabitants of ***Frickenfelde*** were able to celebrate their 750-years' anniversary in 1988. The three-storey "bell tower with annex", which has been the landmark of the village since its construction in 1880, was turned into a wonderful chapel and tastefully redecorated by the artist Reinhart Fuchs in the years 1994 to 1996. It is surely unique in all of Bavaria!
In 1632, in the middle of the Thirty Years War *St. Wolfgang's* chapel in ***Oberasbach*** was destroyed, for which the Greek bishop Bessarion had made out an indulgence letter in 1460. In 1878 finally a new church was built, using the old stones in the old place. The churchyard was surrounded by a wall and a lime tree avenue was planted, some parts of which still exist. Today Oberasbach, situated on a plateau of the Jurassic Alb high above Altmuehl valley, among tourists and fans is mainly known for its home-brewed beer. Not very far away the idyllic hamlet ***Obenbrunn*** is cuddling into the gentle foothills of the Jurassic Alp.
At ***Aha*** the renowned architect *of* Gunzenhausen *Carl Friedrich von Zocha* gained laurels of fame for the excellent design of the parish church of Aha. Because of its proximity to Gunzenhausen, the village Aha is a favoured residence area. Here is also successfully taken care of the cleanness of the Altmuehl town. The local enterprise built a small "village in the village" for waste disposal and thus created many jobs for the formerly independent community.
"O ***Edersfeld*** *- O Edersfeld - Du bist die Schönste auf der Welt"* (you are the most beautiful in the world) - this is how the people from Edersfeld once praised their village in the Altmuehl valley. The Peace and the quiet aside from the new bypass roads have made the small village a hot tip for stressed town inhabitants. Glamour and glory isn't noticeable anymore in ***Pflaumfeld***, although the little "castle" of the *Freiherren von Rauber* (barons) used to stand here. It is said that it has been pulled down because of its dilapidated state as early as 1716. *St. Laurentius* was built in the 14th century as a typically Gothic choir tower church and was thoroughly restored in 1853/54. The village name refers to a "settlement next to the field where plum trees are growing".
The history of *St. Peter* in ***Stetten*** is varied: in the 14th century construction of a choir tower church, in 1564 new construction of the nave, in 1615 polygon tower top, in 1680 new conical roof, and in 1822 a new interior decoration and widening of the church room to the north. Today you step into the construction through a church gate that is enclosed by a five metres high wall. The impressive hipped roof of the vicarage from 1750 rises in front of the church. The enormous gable construction of the *Brauereigasthof* (old brewery inn, 1627) with its decorative cantilever reminds us of the great tradition of the house. In former times the "mayor and host of peers, *Rosa zu Gunzenhausen*" ruled here. In the neigh-bouring village in 1932 a change of the village name took place from the original "Aichach" to "***Maicha***". In 1799 people went back to naming the village Aichach, before in 1801 the present name of Maicha was finally accepted.
According to the number of pages of the chronicle of the village, ***Cronheim*** ought to be able to look back on a long and eventful history. And really: on 700 pages *Dr. theol. Karl Ried* has spread out a mine of historic data and facts concerning the development of the old noble residence. After the local noble family had been extincted in the 16th century, the Lords *von Leonrod* had built a new water castle, which later on was owned by the Lords *von Eyb* and afterwards by the noble

family of *Fuchs von Bimbach* (fox of Bimbach). In 1661 the power had gone over to *Hochstift Eichstätt*, the territory was held by the bishop of Eichstaett, before in 1806 *Maximilian von Montgelas*, the "father Bavarian state" moved in here. Later Cronheim got into the possession of the Prussians and was finally sold to a private owner. The once proud "*Weiherhaus-Anlage*" surely would have been abandoned to decay, if the *Arbeiterwohlfahrt (AWO)* had not set up the "Therapeutic Centre Schloss Cronheim" and a museum of local history, which is worth seeing.

Unterwurmbach, The largest district of Gunzenhausen, proved its worth after the Second World War as a new home for ex-pellees. The old village centre is separated from the new housing area by the old Ludwig-North-South-Railway. A huge viaduct over the Filchenharder Valley (1849) determines the look of the village Unterwurmbach as does the pleasant ambience of the church square with its old lime tree, the *Drachenbrunnen* (dragon fountain) and the small information ooth next to the

Blick auf Unterasbach. Jenseits des Altmühltals, im Bildhintergrund, ist Burg Spielberg zu erkennen.

View on Unterasbach. Beyond the Altmühl valley, in the background, castle Spielberg can be made out.

Vue sur Unterasbach. Au-delà de la vallée de l´Altmühl, en arrière-plan, on peut reconnaître le château fort Spielburg.

modern building of the kindergarten. The tower of the parish church *St. Jodokus* from 1862 rises high above the square. The wooden construction of the barrel roof reminds of the construction style of the late Gothic period. The former castle, however, is reminded of only by a com

Les communes de Gunzenhausen

C´est sur la rive ouest de l´Altmühlsee, à ***Wald,*** que se dresse majestueusement la tour, blanchie à la chaux, de l´église du château. En 1722, Carl Friedrich de Zocha, architecte de Gunzenhausen, la fit ériger à l´occasion de la nouvelle construction de l´église, dans le style „Rococo d´Ansbach“, ultramoderne à cette époque. A l´intérieur de l´église à nef transversale, l´architecture dite de style margrave séduit: la chaire, l´orgue et l´autel dans un axe vertical furent les précurseurs d´un style novateur qui allait caractériser les églises protestantes des margraves d´Ansbach. Juste à côté se trouve le château des nobles de Falkenhausen, également une construction nouvelle de Carl Friedrich de Zocha, l´architecte de la cour à Ansbach et originaire de Gunzenhausen. Une modeste élégance domine le toit en mansarde à deux étages flanqué de deux charmants bâtiments de service appelés *les Maisonnettes du cavalier*. En 1730, le bâtiment aujourd´hui existant fut construit. Wald et les localités avoisinantes; Mooskorb, Schweina et Steinabühl offrent aujourd´hui aux vacanciers un éventail varié d´activités de loisirs.

La commune de ***Streudorf*** est située au bord de la grande zone forestière de „Heide“, et par là-même, de la rive ouest du nouvel Altmühlsee. Elle possède une attrayante maison paroissiale abritant les pompes à incendie, et dont le clocher néo-gothique (datant de 1876) est occasionnellement confondu avec le clocher d´une église de village. Il s´agit bien, dans le nom de ***Büchelberg,*** de jeunes hêtres (Buche = hêtre) qui poussaient autrefois, lorsque le petit village de „Puechelberg“ fut fondé au flanc d´une montagne. Aujourd´hui, la maison de retraite des infirmières religieuses de la clinique d´Hensoltshöhe domine le village de Büchelberg qui est devenu, au cours des dernières années, un centre de loisirs populaire.

Le "village doré de ***Laubenzedel***" est aujourd´hui très fréquenté après avoir remporté,en 1961, le premier prix national du concours des ville fleuries. Des fermes joliment arrangées recherchent la faveur des visiteurs et proposent pour les plus jeunes d´entre eux, maintes activités. Au centre du village, les toits de la maison de vacance de Laubenzedel surmontent la tour du presbytère protestant datant de 1709.

Grâce à un document rédigé en 1238, selon lequel une nommée Adelheid d´Absberg avait offert au monastère d´Auhausen un domaine du nom de „Frichenvelde“, les habitants de ***Frickenfelden*** purent célébrer, en 1988, le 750e anniversaire de la fondation de leur village. Le campanile à trois étages et son bâtiment attenant, image de marque du village depuis sa construction en l´an 1880, furent tranformés, entre 1994 et 1996, en une superbe chapelle arrangée avec goût par l´artiste Reinhart Fuchs et sûrement unique en son genre en Bavière!

En 1632, au milieu de la guerre de Trente Ans, la chapelle d´***Oberasbach***, pour laquelle l´évêque grec Bessarion fit délivrer, en 1460, une lettre d´indulgence, fut détruite. Ce n´est qu´en 1878 qu´on érigea, au même endroit et en utilisant les pierres d´origine, une nouvelle maison de Dieu, que l´on construisit un mur autour du cimetière et planta une allée de tilleuls en partie, aujourd´hui, encore existante. ***Oberasbach***, qui s´étend sur le plateau du Jura Franconien au-dessus de la vallée de l´Altmühl, est, aujourd´hui, particulièrement recherché par les amateurs de bière faite maison. Non loin de là, se blottit, contre les petites collines situées en bordure du Jura Franconien, le hameau idyllique d´***Obenbrunn***.

C´est dans le village d´***Aha,*** que le célèbre architecte de Gunzenhausen Carl Friedrich von Zocha, se couvrit de lauriers après avoir aménagé avec succès l´église paroissiale. De par sa proximité à Gunzenhausen, Aha est devenue une intéressante zone d´habitation. Là aussi, depuis plusieurs années, on s´emploie , avec succès, à maintenir la propreté. L´entreprise résidente a établi un “village dans le village“ assurant le ramassage des ordures et a créé ainsi de nombreux emplois dans la commune jadis indépendante.

“Oh ***Edersfeld*** - Oh Edersfeld - du bist die schönste auf der Welt“ c´est ainsi que jadis les habitants d´Edersfeld louaient leur commune de la vallée de l´Altmühl! L´ atmosphère de tranquilité et de comtemplation qui en émanent ont fait de ce lieu de charme, en retrait de la nouvelle rocade, un endroit recherché par les citadins stressés des petites villes. Splendeur et gloire ont presque entièrement délaissé ***Plaumfeld,*** bien qu´autrefois s´y dressait “le petit château“ des nobles de Rauber. Déjà en 1716, son état délabré entraîna, semble-t-il, sa destruction. St. Laurentius, église typiquement gothique dont la flèche surmonte le choeur, fut édifiée au XIVe s. et restaurée de fond en comble en 1853/1854. “Un groupe d´habitation près du champ où poussent les pruniers“ donna son nom à la commune.

La carte de visite de St. Pierre à ***Stetten*** est fort variée: construction au XIVe s. d´une église dont la flèche surmonte le choeur, 1564 nouvelle construction de la longue nef, 1615 voûte polygonale, 1680 nouveau toit en forme de coupole et enfin en 1822 nouvel aménagement intérieur et élargissement vers le nord. On accède aujourd´hui à ce lieu par le portail du mur d´enceinte de l´église, haut de 5m. En face, s´élève le superbe presbytère au toit en croupe datant de 1750. L´impressionnant pignon de la vieille auberge brasserie (1627) rappelle, par ses enseignes décoratives, la grande tradition de la maison. Ici le maire et aubergiste princier Rosa de Gunzenhausen tenait autrefois le commandement. Dans le village avoisinant, le nom d´origine (Aichach) fut en1732 transformé en ***“Maicha“***. Cependant, en 1799, on donna de nouveau au village le nom d´Aichach avant qu´en 1801, l´appellation Maicha ne s´impose définitivement. Si l´on s´en remet au nombre de pages de la chronique locale de

Der von Carl Friedrich Zocha entworfene Bau der Pfarrkirche überragt die Dächer der Altmühlgemeinde Aha.

The towers of parish church, designed by Carl Friedrich Zocha, above the roofs of the Altmühl-community Aha.

L´Église paroissiale, concue par l´architecte Carl Friedrich Zocha, dépasse les toits de la commune de Aha.

Cronheim, la commune devrait pouvoirs' s´enorgueillir d´une longue et riche histoire. Et c´est la vérité: Karl Ried Dr en théologie, découvra au cours de la lecture d´un document de 700 pages, un trésor abondant de dates et faits historiques relatif au développement de l´ancien domaine nobiliaire.
Après la disparition de l´ancienne famille noble Orstadel, les nobles de Leonrod firent ériger un nouveau château d´eau où siégèrent successivement les seigneurs d´Eyb et plus tard la famille noble de Fuchs de Bimbach. En 1661, la régence fut transmise à la maison mère d´Eichsttät avant qu´en 1806 Maximilian de Mongelas , "le père de l´état bavarois moderne", s´y installe. Plus tard, Cronheim tomba dans les mains des Prussiens et devint finalement propriété privée. Le domaine de "la maison de l´étang", jadis magnifique, serait certainement tombé en ruine si les travailleurs du service social (AWO) n´y avaient établi, en l´an 2000, le centre théra-peutique de Cronheim ainsi que l´intéressant musée régional.
Unterwurmbach, la commune la plus grande de Gunzenhausen, s´est illustrée, surtout pendant la seconde Guerre Mondiale, en tant que terre d´asile pour réfugiés. L´ancienne voie Ludwig Nord-Sud sépare le centre historique de la nouvelle zone d´habitation. L´immense viaduc surplombant la vallée de Filchenhard(1849) est une caractéristique importante d´ Unterwurmbach tout comme l´atmosphère chaleureuse qui se dégage de la place de l´église avec ses vieux tilleuls, son puits à dragon et le petit guichet d´information qui se trouve dans le bâtiment moderne de l´école maternelle. La haute tour de l´église paroissiale St. Jacobin édifiée en 1862 domine la place. Le toit , contruit en bois et vouté, rapelle le gothique flamboyant. Une plaque commémorative au numéro 4 de la rue Schlossgasse relate la mémoire du château d´antan.

1

Die Schlosskirche in Wald (oben), die alte Schlossscheune (Mitte) und das Falkenwappen des Markgrafen (rechts)

Schlosskirche in Wald (above), the old barn of the castle (centre) and Margrave's coat of arms with its falcon (on the right)

L´Église du château en Wald (en haut), la vieille grange du château (en milieu) et le blason à faucon du Margrave d´Ansbach (à droite)

Schloss Wald am Altmühlsee (linke Seite)
Castle Wald on Altmühlsee (left page)
Le château Wald au bord de l´Altmühlsee (page de gauche)

Kapelle in Frickenfelden (rechteSeite)
Chapel at Frickenfelden (right page)
Chapelle à Frickenfelden (page à droite)

Das Feuerwehrhaus in Streudorf (links)
The house of the fire brigade at Streudorf (on the left)
La maison des sapeurs-pompiers à Streudorf (à gauche)

Pferdekoppel in Oberhambach (unten)
Paddocks at Oberhambach (below)
Écurie à Oberhambach (en bas)

Das „Golddorf Laubenzedel“ (oben)
The “gold village Laubenzedel” (above)
Le „village doré de Laubenzedel“ (en haut)

Der Drachenbrunnen in Unterwurmbach (links)
Drachenbrunnen (dragon’s fountain) at Unterwurmbach (on the left)
La fontaine au Dragon à Unterwurmbach (à droite)

Schloss und Kirche in Cronheim (rechte Seite oben)
Castle and church of Cronheim (right page above)
Le château et l´église à Cronheim (page de droite, en haut)

Schloss in Cronheim (rechte Seite unten links)
Castle of Cronheim (right page below left)
Le château à Cronheim (page de droite, en bas, à gauche)

Die Pfarrkirche in Aha ist nicht nur wegen ihrer barocken Architektur berühmt. Gerne besucht werden hier die Kirchenkonzerte (rechte Seite unten rechts).
The parish church at Aha is not only famous for its baroque architecture. People enjoy the church concerts here (right page below right).
L´Église paroissiale de Aha n´est pas seulement célèbre par son architecture baroque. Les visiteurs aiment venir y assister à ses concerts. (page de droite, en bas, à droite).

Schrenk-Verlag

Neuerscheinung November 2007

Das Buch zum 250. Todestag von Markgraf Carl Wilhelm Friedrich von Brandenburg-Ansbach

Inhaltsübersicht

Carl Wilhelm Friedrich von Brandenburg - Ansbach 1/6 - Taler - Prägung auf seinen Tod, 1757 Stadtmuseum Gunzenhausen

Siglinde Buchner / Alexander Mavridis / Werner Mühlhäußer
Dr. Johann Schrenk / Dr. Dr. Sigrid Schwenk
„Gunzenhausen - Fürstliche Residenz unter Markgraf Carl Wilhelm Friedrich von Brandenburg-Ansbach“
Reihe „Fränkische Geschichte“, Bd. 13
224 Seiten, gebd., m. 84 farb. Illustrationen, Plänen, Karten und 106 Farbfotos 2007; ISBN (13) 978-3-924270-50-6